——— 本书获 ———

2023 年贵州省出版传媒事业发展专项资金资助

贵州出版集团有限公司出版专项资金资助

田野民俗考现
黔中安顺屯堡明代民俗遗存

刘冻 著文、摄影

贵州出版集团
贵州民族出版社

《屯堡文丛》编辑出版委员会及学术委员会

一、编辑出版委员会

主　　任：卢雍政

副 主 任：谢　念　耿　杰

成　　员：宋广强　袁　伟　何长锁
　　　　　杨　未　王　焱　苏　桦

办公室主任：耿　杰

二、学术委员会

顾　　问：毛佩琦

主　　任：顾　久

副 主 任：李建军

《田野民俗考现·黔中安顺屯堡明代民俗遗存》
编撰学术委员会

顾　　　　问：王文章　和　龑
艺　术　指　导：杨庆武
文　学　指　导：姚晓英
主　　　　编：杨　波　曹洪刚
执行主编/策划：孟豫筑
特　约　策　划：谢亚鹏　吕　淼
特　约　审　稿：汪青梅　越　剑
项　目　执　行：王丽璇　罗兰珍　李小燕
成　　　　员：（按姓氏笔画排列）
　　　　　　　于田杨　王丽璇　帅学剑　吕　淼
　　　　　　　向朝莉　刘　冻　李小燕　李江山
　　　　　　　杨　波　吴德力　张定贵　陈欲倩
　　　　　　　罗兰珍　周必素　孟凡松　孟豫筑
　　　　　　　胡廷夺　曹洪刚　禄　桑　谢亚鹏
　　　　　　　黎弘毅

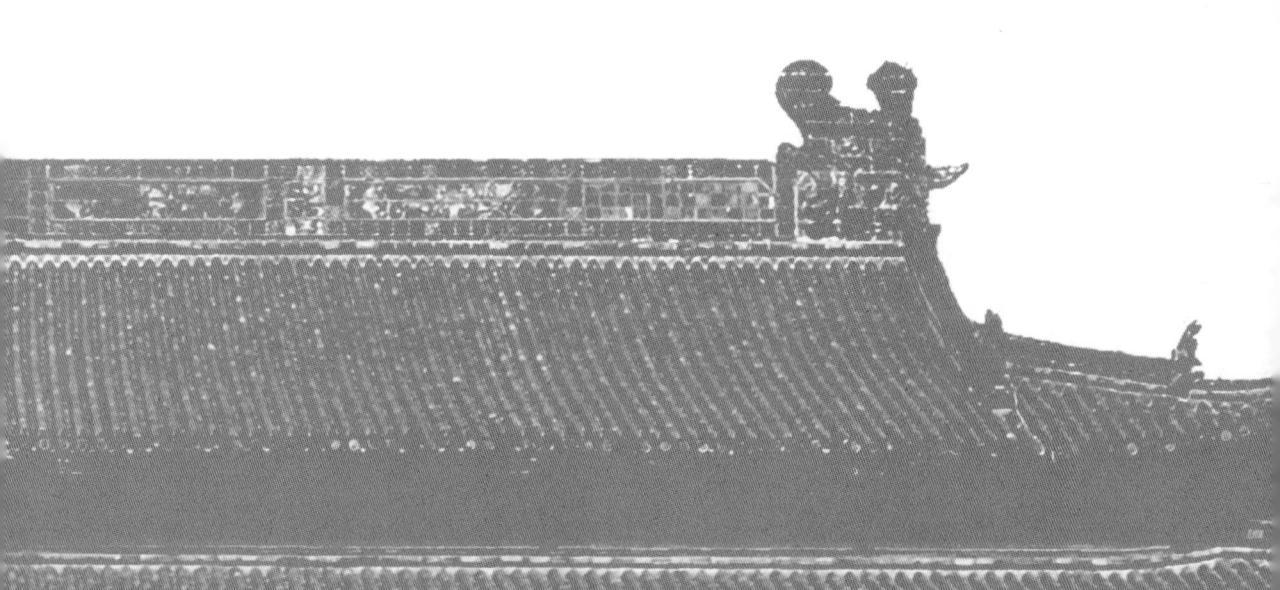

《屯堡文丛》总序

毛佩琦

屯堡，自从在明朝初年出现后，就是一个生机盎然的存在，历 600 余年风雨晴晦而不衰，至今仍然长青！这是人类文化史上的一个奇迹，是中华民族的一件瑰宝。

明朝建立之初，国家还没有完全统一，元朝的梁王还在割据西南，而且多次杀害明朝派来的使者。洪武十四年 (1381)，明朝廷命颍川侯傅友德为征南将军，永昌侯蓝玉、西平侯沐英为副将军，率 30 万大军征云南。明军获得全胜，历时 3 个月，平定云南。洪武十五年 (1382)，明朝廷设置贵州都指挥使司，征南大军以卫所为编制戍守各地，卫所军士屯种收获以自给。这些卫所军士及家属所居之地就形成了屯堡。这是一次为维护国家统一的军事行动，也是一次大规模的移民。经过从洪武到永乐的数十年的经营，永乐十一年 (1413)，明朝廷决定设立贵州布政使司，划云南、四川、湖广、广西各一部，组建成一个新的省级行政区。当年散落在西南地区的屯堡，就主要分布在今天的贵州省内。屯堡的建设和贵州布政使司的设立，有效地维护了国家的统一和地方的安定，促进了地方开发和民族融合，也体现了古人高超的政治智慧和管理艺术。

600 多年前，来自南直隶的应天府、凤阳府，以及江西、浙江的军士及其家属，扶老携幼，远离故土，到达西南，在贵州地区安下家来，成为屯堡人。屯堡人落地生根，坚韧不拔，胼手胝足，开发贵州，对贵州的发展做出了巨大贡献。他们既是地方的守护者，又是地方的开发者。屯堡人的勇敢担当和巨大的付出，至今仍然令人肃然起敬。他们开拓进取，给贵州带来了先进的生产方式，耕种、养殖、纺织、冶铁，也促进了贵州商业的发展，沈万三传奇性的商业故事就具有典型意义。明朝重视文教，朝廷在边疆军卫和土司地区都大力推广学校建设。由于儒学教育的发展，后来，在全国科举考试的激烈竞争中，贵州的学子曾经先后两次夺得文状元。

贵州地区民族众多，屯堡人与各民族人民交错杂居，却能和睦相处。不同文化保持了各自的特色又互相包容，和谐发展，是中华文化多元一体的具体写照。屯堡人至今仍然保持着故乡的生活习惯和文化传统，语言、服饰、建筑、戏剧，在今天屯堡的村寨里、田野上，在日常生活、节日集会中，随时随地可以见到这些活的历史风景。这些延续数百年的独特风俗，是屯堡人身份的自我认知，是肩负国家使命的一种标志，也表现了他们坚守传统、不忘根本的韧性。屯堡人对遥远的故乡有着割舍不断的深情。以安顺天龙屯堡人而言，他们自明初至今已繁衍20余代，四姓族裔达数万人，他们每年都要面向家乡南京遥祭。2005年6月，安顺地区的一支屯堡人曾经返回江南寻根。当他们在南京祖居地石灰巷与南京的乡亲们深情拥抱时，绵绵600多年的思念，如同长河打开了闸门，浓浓的亲情刹那间奔涌交融，场面令人泪奔。重视祖先传统，重视血脉亲情，在屯堡人数百年的文化传承和坚守中，展现了这种悠久的中华民族的特质，也让我们看到了中华文化源远流长的生命力和凝聚力。

屯堡是贵州地区生动的现实生活，是历史文化的"活化石"，也是一座丰富的宝库。历史的、文化的、民俗的、语言的、音乐的、美术的，乃至社会学、民族学、国家治理的诸多宝贝，琳琅满目，数不胜数。屯堡中也还有一些未解之谜有待开启。当代人有责任保护和传承这份宝贵的文化遗产，也有义务开发和利用这份宝贵的文化遗产。对屯堡进行深入研究，整理、研究屯堡的历史文化，深刻认识它的精神内涵，挖掘它的当代价值，是保护和传承屯堡文化的基础，也是开展保护和传承工作的前提。

对屯堡的研究，从20世纪20年代就开始了，到20世纪80年代成为一个热点。近二十多年，屯堡引起了社会各界更多的关注，许多学者和学术机构投入到屯堡的研究中，屯堡研究已经成为一个正在兴起的新学科。数十年来，在各个学科领域对屯堡的研究，已经获得了一大批成果，屯堡的历史面貌和文化价值越来越广泛地被认知。当前，在举国弘扬和传承中华优秀传统文化的形势下，有必要对以前的研究做一番梳理和总结，以推动屯堡研究开出新的生面。

2023年，中共贵州省委宣传部决定实施"四大文化工程"，把编辑出版《屯堡文丛》作为其中一项重要工作。《屯堡文丛》设计规模宏大、体例严整、内容丰富，包括历史文献、专题研究、资料整理、文学艺术和创造性转化创新性发展共5个书系。可以说，《屯堡文丛》囊括了有关屯堡历史文化的全部内容。《屯堡文丛》是对屯堡文献的全面收集和整理，是对以往屯堡研究成果的完整总结，也是为今后屯堡的保护、研究和开发利用打下的坚实基础。对屯堡的历史文献和资料进行收集整理，本身也带有抢救保护的意义，让这些宝贵的文献资料不再丢失，将它们挖掘出来，服务于当代社会和文化建设。对前人的研究进行总结，同时是一项具有前瞻意义的工作。一切研究和实际工作，无不是在前人成果的基础上进行的，利利用成果，汲取经验，以开辟新的路径，取得新的成果。《屯堡文丛》秉持全新的出版理念，精心编辑、精心制作，努力为全社会奉献出文化巨制、文化精品。相信，《屯堡文丛》的出版，将会为社会各界提供更多的方便，大大推进屯堡文化的研究、传布和开发利用。无疑，《屯堡文丛》的出版，也将进一步彰显屯堡的价值，助益于传承和弘扬中华优秀传统文化，助益于维护国家统一、促进民族融合的伟大事业。

2024年2月24日于小泥湾

序

  屯堡文化是贵州多元文化版图中重要的组成部分，具有独特的内涵和多样的形态，不仅是贵州多民族文化的代表，也是江淮民俗文化活态传承至今的载体，它融合了中原和江南文化的元素，同时保持了其地区文化的特点和中华传统文化的内涵；它既是屯堡人恪守文化传统的成果，又是在长期生产生活实践中创造的独特地域文化，是不可多得的宝贵遗产；它身处一隅，却生动展现了中华大地各民族交往交流交融的宏伟历程，对研究、铸牢中华民族共同体意识具有重要价值。如何挖掘、弘扬屯堡这一珍贵历史文化遗产的时代价值，是值得深入思考研究、汇聚力量加快推进的一项重大文化工程。

  为此，中共贵州省委宣传部推出了《屯堡文化研究转化传播重大文化工程工作方案》，旨在深化对屯堡文化的研究，实现其创造性转化和创新性发展，突显其在保卫国家统一和促进民族融合中的重要价值，同时也为中华优秀传统文化的传承和发展做出新的贡献。其中，贵州民族出版社承担了"屯堡文丛·文学艺术书系"部分丛书的编辑出版工作，该系列图书注重呈现文学原创和屯堡地戏艺术精品，聚焦了独特的屯堡文化和多元文化的交融，以期让更多人主动地了解、关注、传播屯堡文化，使其在新时代焕发新活力。

  "屯堡文丛·文学艺术书系"在守正的前提下，不断将传统与现代有效结合，通过深入的田野调查和精心编纂，将这些珍贵的资料集结和出版，为研究者和爱好者提供了宝贵的资源，同时也为贵州屯堡文化的全面展示奠定了坚实基础。"屯堡文丛·文学艺术书系"着眼于贵州的历史发展脉络，挖掘出屯堡文化具有"磨洗认前朝"的重大历史价值，并弘扬其在铸牢中华民族共同体意识方面的重要文化价值。

  回顾历史，我们不得不为祖先的勤勉、智慧和文化创造深感自豪。他们赋予我们的这份珍贵文化遗产，不仅见证了中华民族的深厚历史和悠久传统，更成为我们文化根脉的重要组成部分。展望未来，我们深感荣幸与责任重大。我们深知，保护和传承好贵州的非物质文化遗产，不仅是贵州文化创新发展的客观需求，也是在全球化背景下保持文化多样性和独特性的现实需求。我们期待着通过共同的努力，将这份丰富而多元的文化遗产更好地传递给后世，让它们继续照亮我们的前行之路，为我们提供不竭的智慧和灵感。

是为序。

前 言

屯堡，又称"屯保"，为古时驻有军队的城堡。唐韩愈《送水陆运使韩侍御归所治序》载："出入河山之际，六百余里[①]，屯堡相望，寇来不能为暴，人得肆耕其中。"《新唐书·王世充传》云："高祖诏秦王率兵攻之，至新安，屯保多下，败世充于慈涧城。"王闿运《拟李鸿章陈苗事折子》有："不立屯堡，不据城郭。"

我们现在所讲的"屯堡"，特指明代在边疆军事防御中一种特有的村落堡垒建筑群，其蕴藏着一段关于明朝移民的历史记忆。明洪武年间，明朝廷把军队留在边疆地区，又下令将留戍者的父母、妻子、儿女全部送到戍地。军队驻扎处称"屯"，移民居住地为"堡"，于是，这些留戍者及家人成了明朝第一代"屯堡人"。

屯堡，标准读法为"tún pù"。"堡"有"bǎo""bǔ""pù"三个读音，其释义各不相同，分别为在冲要点做防守用的坚固建筑物、有土墙的城镇或乡村、地名用字。"堡"，独立成立的单一军事防御建筑体读"bǎo"，而成型的军事防御建筑物群（驿站）读"pù"。

但在此要特别说明一下，由于来自不同地域的明代移民对"堡"字的发音不同，加上不同乡音的相互影响，逐步形成了对"堡"不同的发音和解读，如北方音读"bǎo"和"bǔ"，而南方音和明代南京官话及贵州安顺地区只读"pù"，现在已形成了对"屯堡（pù）"的一种特有读法，很值得深度分析研究。

明朝时，屯堡造就了一种独特的汉族文化现象，其文化内涵十分丰富。我们将边疆地区的屯堡作为主要研究对象，发现生活在屯堡里的人们至今依然恪守着其世

[①] 长度单位，1里合500米。

代传承的明朝文化和生活习俗，既保留了先祖的民居建筑、服饰以及娱乐方式和文化传统，又在长期的生产劳动中创造了独特的地域文化。

随着时间的推移和空间的不同，屯堡文化在漫长的传承、发展过程中必然会有所整合、离析和取舍，但是不能因此而否定屯堡文化与明代文化的同一性和同源性。这些遗存的明代古村，在历经六百年的沧桑后，渐渐形成了今天极具特色的屯堡文化，成了汉文化的"活化石"。

然而，"屯堡"并不是某一省市或地区独有的文化标签，对中国屯堡民俗进行田野考现，可以让其成为视觉文献研究的重要范本。当我们充分整合手中的田野调查报告，激发出其视觉文献之功用，改变长期以来影像只能作为文字补充说明的被动状态，科学地运用文图特点，将面临消逝的民俗事象记录下来，以期让屯堡的田野考现成果在若干年后，成为有效的历史信息源和可靠的考据文本。

笔者从1998年开始借助视觉文献的研究方法，以大量翔实的影像资料，通过梳理明朝洪武年间屯堡的形成与永乐年间贵州建省的史实，追溯中国屯堡文化的历史定位。通过对以南京为主体的江淮地区社会现象进行民俗比照，从宏观的历史角度考察明代屯堡的形成及明代以后的民俗传承与文化沿袭。为此，着重关注屯堡民俗、着重关注田野考现中的两大区域：西北地区以甘肃、青海、宁夏，以及山西大同为主要范围；西南地区则以贵州、云南和四川为主要地区，其中将重点放在贵州，并以安顺的旧州、鲍屯、九溪、天龙屯和云山屯作为考现研究之范例。

笔者在长达二十五年的屯堡民俗事象考现中，采用大主题小切口的方式，不求宏大叙事，只切切实实地采访民俗生活现实，不制作碎片式的现实报道，而是记录随时会闪现光彩的原生态民俗，留住"活着的"民俗文化信息。在物质文化史的二维、三维及整体的框架内，完成学术课题，并尽可能将研究成果变成通俗的屯堡历史故事，传播给大众。

屯堡物质文化史田野考现的主要内容，包括屯堡人的衣食住行、家书、民谣、民谚、婚丧嫁娶和节庆仪式等。以史据为要点，立足田野调查，用亲历的语境来口述感人的历史事例，不偏立场地来阐述事件的真相。不关注旅游产品式的民俗现象，而是聚焦能够成为第一手视觉文献资料的民俗事象，并以此切入展现在老百姓生活中的真正的民俗信息本体，以扩大社会性的大时代感和小空间存在感。

在对中国屯堡民俗文化的田野考现中，笔者主要以江苏南京、江西南丰、安徽凤阳、贵州安顺、山西大同、青海同仁、甘肃临潭、四川盐源、云南大理，以及各地散落的明长城、明代建筑、明代卫所屯堡（古村落）等现存的物质文化遗产资源为主要依托，从历史学、考古学、文献学、民俗学、建筑学、服饰学、影像学等不同角度，开展明代屯堡物质文化史研究，同时加强与国内外物质文化史界的学术交流。

刘　冻 ★
2023 年 10 月 17 日于金陵半饱斋

刘冻，1962 年 10 月生于南京，祖籍江苏常州，毕业于南京师范大学美术学院。《东方文化周刊》原视觉总监、高级美术师，中国明史学会常务理事兼任沈万三研究分会会长、屯堡研究分会副会长，中国徐达文化研究院《徐达世家》总编辑，中国摄影家协会、中国民俗学会会员。长期致力于历史学、文献学、地景学、民俗学和影像学的地缘考现研究，专注于专题影像方向的理论教学与创作实践活动。专题图文作品有《铜钱牌》《泥咕咕》《马桶遗俗》《老茶馆》等。

目录

第一章

明代战略迁徙与贵州屯堡的形成 …………… 002

南京移民入黔屯边 …………… 015

六百年的安顺屯堡 …………… 024

安顺地区军屯的独立生存体系 …………… 031

安顺屯堡民俗文化的形成 …………… 040

考现黔中安顺屯堡明代民俗的遗存 …………… 048

第二章

南京遇缘安顺 …………… 069

安顺屯堡中南京民俗的存在与传播 …………… 072

屯堡建筑与南京河房 …………… 079

屯堡"南京明服"的动态变化 …………… 093

屯堡食俗里的"南京味道" …………… 108

南京方言，安顺屯堡里的"官话" …………… 118

承袭中的"红白喜事" …………… 128

屯堡地戏与南京跳五猖 …………… 136

屯堡花灯的渊源与流变 …………… 149

第三章

顾成与"以辣代盐"食俗 …………………………… 158

安顺黔滇古道，身披黄土红尘 …………………………… 167

明国曲《茉莉花》古调留芳安顺屯堡 …………………………… 177

昆曲与黔中擦肩而过 …………………………… 183

沈万三与昆曲文化史小考 …………………………… 188

沈万三后裔发现考证记 …………………………… 199

安顺屯堡人的寻根之旅 …………………………… 210

附　录

田野民俗考现必须"事必有据，言必有记" …………………………… 220

后　记 …………………………… 224

第一章

明代战略迁徙与贵州屯堡的形成 / 南京移民入黔屯边 / 六百年的安顺屯堡 / 安顺地区军屯的独立生存体系 / 安顺屯堡民俗文化的形成 / 考现黔中安顺屯堡明代民俗的遗存

明代战略迁徙与贵州屯堡的形成

看社会发展脉络和方向以及时代的重要人物背景，一定要从历史的角度来研析，比如明太祖朱元璋，在中国历史上，要论皇帝的出身，最"卑微"的还得数朱元璋，但从历史的角度看，他和时代是相互影响的。

一

明太祖朱元璋有两项政治举措影响深远，咱们先讲第一项，在北边修筑长城。

大家知道，战国时秦、赵、燕三国各自在沿着跟匈奴接壤的地方修了一段边墙，分别被称为秦长城、赵长城、燕长城，秦始皇统一六国之后，他把这三段长城给连了起来，合并成了秦长城。秦长城经历了千年的风吹日晒，部分城墙已破损或消失，但许多段落仍保存良好并受到保护。

到了明初，虽然北元势力退出了整个中原大地，但是他们的野心和实力并没有被彻底打垮。这时的明军没有与北元军队实力相当的骑射兵力，明军到草原上去作战，没有任何优势，他们不精骑乘，不擅马上作战，加上劳师远征，粮草及后勤跟不上，无法短时间内征伐北元。反观北元军队，他们赶着牛羊行军，牛羊就是粮草，加上道路熟、语言通，有作战优势。因此，明军不可能时时与他们针锋相对，只能采取防御战术。

北边怎么防？当时的最佳举措是修建长城，增加障碍，缓解战乱冲击。从战国的边墙到秦长城再到明长城，它已经演化并完全上升到象征中华民族团结、坚韧精神的高度，因此长城在中国历史上有举足轻重的地位。

二

为了巩固政权，明代在北边已做了各项防御措施，那么南边的安全又该怎么确保呢？这正是要说的第二项举措——南边的进取。

当时，中国南方的形势尤其是西南地区是怎样的呢？以云南为例，宋代的时候其大部分属于大理国，其真正被纳入中央管辖，是从元朝开始的。当时，白族等少数民族以云南为基地，建立了自己的地方政权大理国。中央政府强盛的时候，大理国主动通好，一旦中央政府衰弱，大理国便蠢蠢欲动。元至元十三年（1276年），元朝在云南设立行中书省，由此，云南省由中央政府直接管辖，加强了中央对西南边陲的统治。到了明初，朱元璋从元朝手里接过政权后，继续按照元朝的管理制度管理云南。

元朝有不少附属国，到明朝成立之后依然存在。这些附属国包括现在的缅甸、老挝、泰国北部以及越南北部（当时越南的北部曾是我国古代交州的一部分）等地。为了控边，朱元璋开始谋划，要先在贵州戍边，把军事设施建设起来，于是决定先成立贵州都指挥使司。

明洪武十五年（1382年）正月，朝廷置贵州都指挥使司，相当于贵州省军区，民政仍分别属湖广、四川和云南的承宣布政使司管理，也就是说贵州是先有管军的贵州都指挥使司，直到明永乐十一年（1413年），设置贵州承宣布政使司，贵州才正式建省。建省时，贵州的面积远不及今天这么大。这样的战略布局，目的就是要在云南和广西中间的上方实施管控，一旦边境不稳定，朝廷随时可以直控云南和广西，进而压住境外的那些附属国。

在一个农耕文化发展的时代，哪个地方的地平，哪个地方的土肥，哪个地方就最有价值。中原地势平坦，土地肥沃，因此各方势力逐鹿中原。然而，在这种背景下，朱元璋冷静而有远见地认为，虽然贵州全是山，缺乏农耕价值和经济吸引力，但在战略上有着重大的政治和军事价值，于是，他毫不犹豫地派朝廷重兵驻扎贵州。

明初，贵州省的面积没有现在这么大，黔北和黔东的很多地方属四川和湖广，"改土归流"是局部的，没有全面推进，更没有完全发挥作用。直到清雍正时才开始真正把"改土归流"全面落到实处，并由此彻底解决历史遗留问题。朝廷把原隶属四

南京明故宫

南京明代午朝门

川播州土司的土地、湖广和云南三行省的一部分土地重新调整后划归贵州，由贵州统一管理。

三

北边防御修长城，南边进取设贵州省，贵州建省的意义在于促进国家及整个南部地区的稳定，这种政治布局从明朝初年就基本定型了，后面也没有改变过。

当时，最伟大的政治战略就是设贵州省，并在此驻守大量的军队。根据历史文献记载，明朝朱元璋曾两次实行"调北征南"政策。洪武元年（1368年），朱元璋即位应天府（今江苏南京），建国号大明，此时贵州安顺一带仍以少数民族组成的部落、方国为主要统治政权。为稳定南部地区，朱元璋实行了两次"调北征南"行动。明洪武四年（1371年），朱元璋在贵州贵阳设贵州卫，始有明朝军队驻守西南。明洪武十四年（1381年），朱元璋命傅友德为征南将军，永昌侯蓝玉、西平侯沐英为左右副将率军三十万征伐云南地区。第二年，亦即洪武十五年（1382年），明军占领云南。洪武十七年（1384年）三月，傅友德、蓝玉奉诏班师回朝，沐英及十数万官兵留下驻守西南。

目前考证的情况表明，当年的屯军，即屯堡人祖先。屯军主要是分水陆两路从南京出发，陆路从江西经湖南到贵州；水路逆长江而上到现在的重庆或四川一带，辗转进入贵州。水陆两路并进的军队，后面陆续跟来无数家眷，这可以算得上是一次壮阔的迁徙。

六百多年前，数以百万计的人被迫抛弃江南富裕之地，移民贵州，这是一种什么样的场景，什么样的壮阔画卷？他们到了一个当时偏远荒凉的地方，这里到处都是山，交通不便，语言不通。想要在这样一个陌生的地方扎下根来，是需要付出巨大的努力的。

刚开始来贵州的时候，暂且不谈和当地人之间的往来，南迁人内部之间就冲突不息。加上与当地人语言不通，生活习惯差异大，引发了各种矛盾。因此，移民到贵州的军民被分成军屯、民屯和商屯，同时把这些屯建造成坚固的堡垒，并派士兵

安徽凤阳古城楼

把守，以避免发生重大冲突。

屯军的最高领导是贵州都指挥使，下面是卫所屯堡，屯是最基层的，堡就是民屯，堡就是老百姓住的地方。

所谓屯堡人，就是明初陆陆续续来到贵州的两江地区的移民。这些军人如果是独自一人戍守贵州，思乡心切定会造成军心不稳，因此朱元璋提倡军官士兵都

能够带家属一同前往。带家属不仅解决了军心不稳的问题，也解决了劳动力短缺的问题。移民贵州是政府的要求，这些移民原本在江南生活得很好，被迫离开故土，他们做出了很多牺牲，做出了历史性的贡献。因此，屯堡文化的地位被历史和当今社会低估了，很多人，包括贵州人，一讲到屯堡文化，就以为是安顺的文化。尽管贵州许多地方也有屯堡遗迹，但不能一概而论地认为屯堡文化就是贵州的文化。实际上，屯堡文化不只是安顺的，也不仅仅是贵州的，而是我们中华文化史当中非常辉煌和壮阔的文化。

四

六百年前明朝移民这件事，实际上由两个层面推动：一是决策层，进取和移民

南京都司府明代移民报到处：龙泉巷

这个决策的诞生过程肯定是有矛盾和分歧的，重大的历史事件总是有人在推动；另一个是军队，朝廷让军官士兵及他们的家属到贵州驻扎，使得军队派遣和屯兵建设同步进行。有的士兵可能以为此行是赴远参加战斗，结果到了这边，就不能走了，最后变成了戍兵。

大家知道，军屯的历史悠久，不少朝代采取过军屯政策。移民被迫迁移，远离家乡，主要受政令、军令所迫。当然，也不乏有人为其他理由主动迁移。

当时，普通的军官，是见不到决策者的，更见不到皇帝，但是朝廷和皇帝的决

屯堡老娘娘①缝制的绣花鞋

---

① 娘娘，旧作"孃孃"，音 niāng niāng，在屯堡地区是对长一辈的女性或陌生年长女性的称谓。

太湖帆影

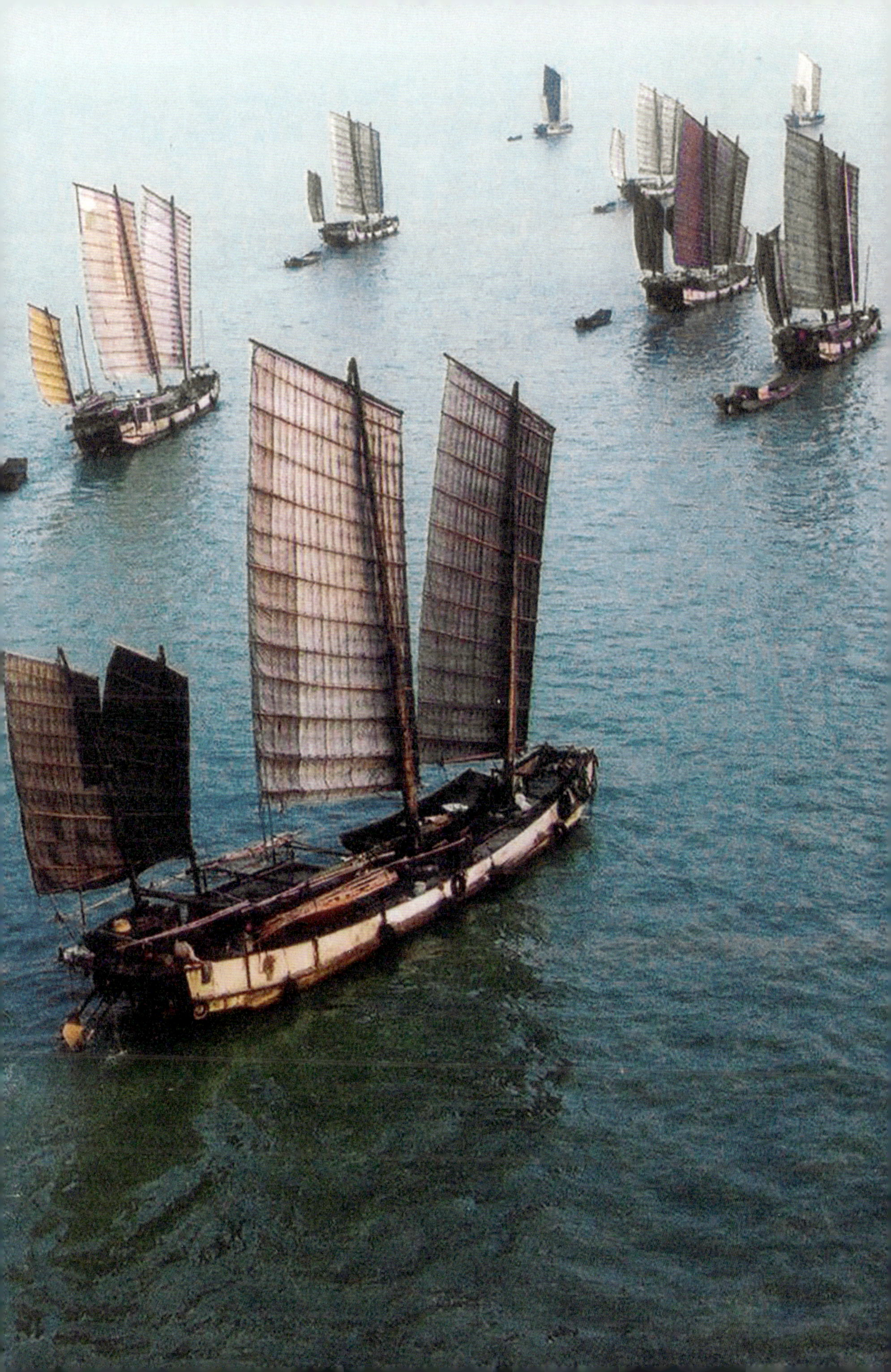

策却影响了他们自己及后代的命运。现在，贵州还有很多淳朴的屯堡人后代，经历了百年的历史洗礼后，还穿着带有明朝服饰特点的服装，甚至在屯堡话里面，还保留着江苏安徽之间的明代语音。

明洪武十五年（1382年），朱元璋设置了贵州都指挥使司，当时，卫所屯堡制度在贵州是非常成功的，贵州今天的主要城镇布局是那时候奠定的，贵阳、安顺、毕节的老城也是那时候建造的。

时隔多年后，明永乐十一年（1413年），朱棣设贵州省，目的就是维护国家统一，促进民族融合。尽管当时也有波折，但贵州建省客观上达到了预期目的，贵州建省驻扎屯兵，维持了整个西南地区的稳定，其在历史上的重要意义不应被低估。

天台山

屯堡建筑

安顺伍龙寺一角

南京移民入黔屯边

明朝实行屯民戍边，不仅解决了军队的给养问题，还改变了西南地区的民族结构，并大大加强了明朝对西南的统治，对西南经济社会发展产生了重大的推动和促进作用。

我们不禁要问这样一个问题：在贵州，尤其是在安顺地区，为何明初入黔的汉族移民大多是南京人？这是一个很有趣的问题，通过对其答案的搜寻，又可让我们更加了解贵州安顺的历史和文化。这些汉族移民为什么要来？他们是什么时候来的？他们又是怎么来的？有不少当地文化学者也在同我们探讨，想系统地了解南京移民入黔屯边这个历史事件的来龙去脉。

要了解南京移民入黔事件，首先，要了解明代西南屯兵政策与贵州屯堡形成的大背景，这在前篇已详细阐述了。其次，明朝是贵州、云南历史的转折期，史上规模最大的移民活动就发生在这一时期。最后，明初时安顺还属云南管辖，要研究安顺历史，不可忽略云南历史。

一

我们先来看看移民的背景，也就是明代南京移民来云南及安顺的原因。洪武元年（1368年），朱元璋定都应天府，正式建立明朝。此时，中原已平定，但中央对云南的招降屡遭失败，只好武力攻取。洪武十四年（1381年），朱元璋发布征云南诏令，命傅友德为征南将军、蓝玉为征南左副将军、沐英为征南右副将军。当年九月，三十万兵马自南京出发，兵分两路，从北、东两个方向大举向云南进发。洪武十五年（1382年），昆明城和大理城相继被明军攻破。至此，云南全境基本平定。

打仗容易，但战后治理不易。云南平定后，明朝原先计划用中原行政体系治理云南，但这里无论是民族结构，还是社会经济发展程度都与内地存在着巨大的差异。特别是刚刚平定下来，内部矛盾重重，还有残余势力伺机反扑，加之云南是多民族地区，民风民俗与社会结构较为复杂，将内地的政治体系应用于云南地区无疑是行不通的。鉴于此，明朝政府迅速调整了对云南的治理策略：大幅度撤县并州，收缩和改变原行政管理条例，强行实施"土流并治"和"移民实滇，开发生产"政策；把元朝任命的当地官员和由朝廷委派的流官并重，放宽限制并利用地方势力的积极性来拓展生产运动，彻底重组云南的人口结构，调整用地分配规则，实行"寓兵于农，屯民实边"政策。

二

明洪武二十年（1387年），明朝彻底摧毁元朝政权及其残余势力，但长期的战乱使得国库虚空、民不聊生。为了巩固新生政权的统治，在短时间内恢复生产力，改善民生，补充军饷，朱元璋下令实行"屯田制度"，遂在全国范围内大规模实行"军屯""民屯""商屯"等多种屯田形式。所谓"军屯"，就是驻扎在边远戍地的军队在驻防地利用空闲时间就地开垦，种植粮食，自给自足。在全国推行屯田制度的大背景下，征南大军的大部分以军籍世袭的形式留驻，家属随之入黔。军队按三比七的比例，三成军队驻扎城镇，七成军队屯驻农村，战时为兵，平时务农。之后，大量中原、江南一带的汉族包括农民、工匠、商贩、罪犯等，纷纷以征调、做工、经商、流放等形式移民进入黔中聚族而居。这种形式贯穿整个明代，形成了屯军和移民共同组成的贵州安顺数百座独具特色的汉族村寨——安顺屯堡。

"调北征南"所涉及的移民，按其性质、身份，可大致分为四种。第一种是军事移民。这是一种自上而下的移民策略。明朝一共实行了两次军事移民，第一批是平定云南战事结束后，征南大军班师回朝，随征南右副将军沐英镇守的将士和初设卫所形成的军事（含家属）移民；第二批在洪武十九年（1386年）之后，明朝为平

南京下关长江码头明代移民出发地

南京聚宝门明代移民"点行地"

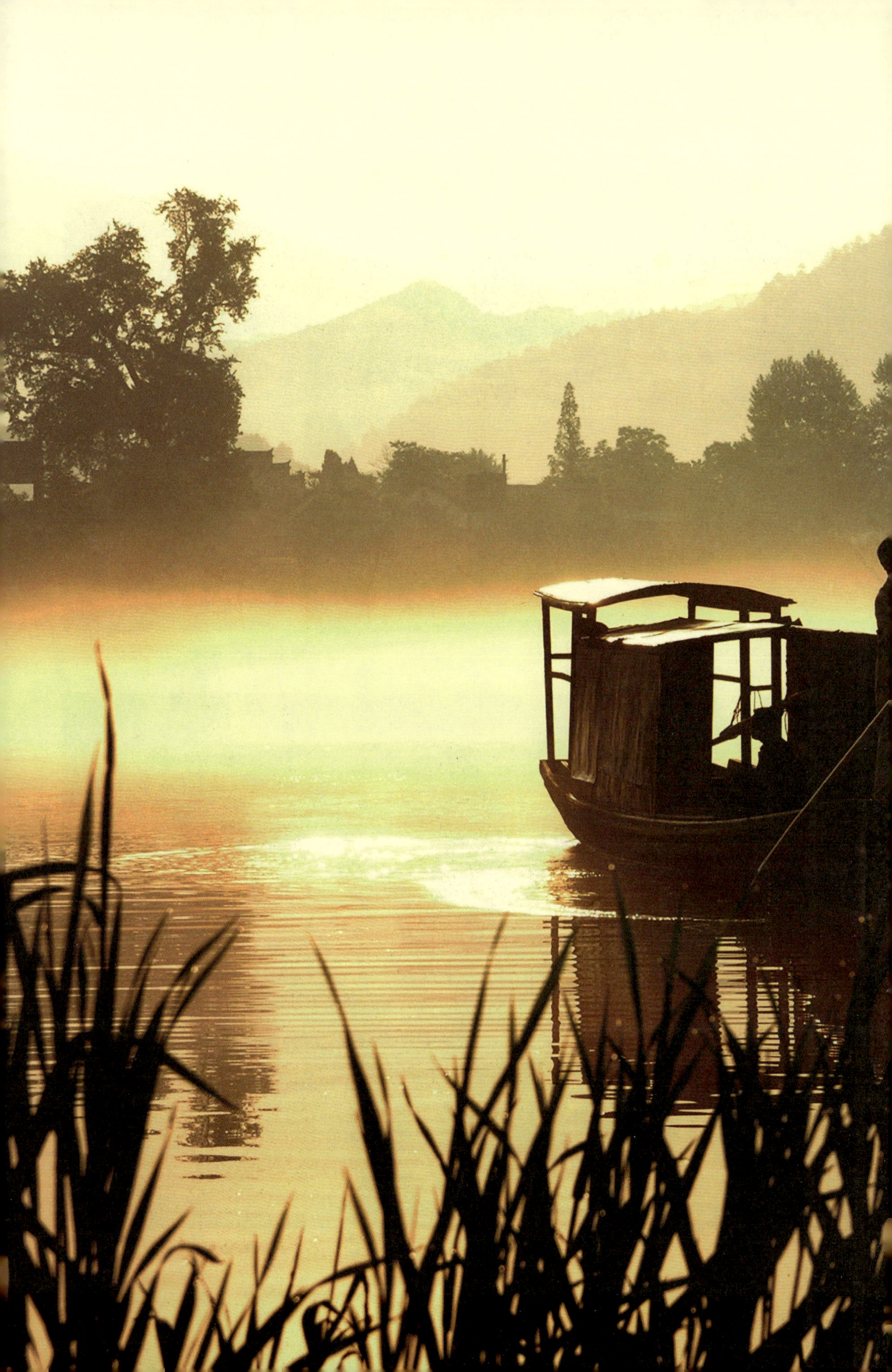

明代徽州移民出发地：桃花潭

定地方叛乱以及征伐麓川（今瑞丽一带）而形成的又一次大规模调兵和"屯戍听征"的军事（含家属）移民。

然而，在军事（含家属）移民过程中，守军将士及移民的粮库出现了亏空，这是一个很棘手的问题。进退维艰之际，沐英深入了解情况，很快就找到了解决方法。云南地广人稀，土地十分富饶，只是缺少会耕种的人而已，如果能有一批人专门种粮，就不用千里迢迢从京城运粮来了。沐英将这个想法写成奏书，呈递给朝廷。朱元璋立即派军前往云贵地区，这批士兵，其主要任务不仅是打仗，打仗之余还要耕田种地。

第二种是农工商移民。为了减轻朝廷的负担，解决庞大的驻黔部队及其家属军需问题，光靠军人及其家属的力量是远远不够的，因此在这些屯民中，除了军人外，还要有商人、农民和工匠。有了他们的参与，移民才可在经济、农业等方面得到发展。这批入黔的军人、官员、商人、农民，是明代贵州第一批汉族移民，现在安顺地区的南京籍汉人大多为这批移民后裔。

第三种是罪徒移民。明代有"笞杖徒流死"五刑，其中流刑分为流放二千里[①]、二千五百里和三千里等，都杖一百，不再拘役，这是一种除死刑之外最严重的惩罚方式。这些流放、发遣、刺配、谪戍和充军的人口一般都被发配到"烟瘴、边卫"之地。云贵既是明朝的极边之地，又是当时著名的"烟瘴"之区，所以这类移民在移民总人口中占有不少比例。如监察御史章良因罪迁云南府任儒学教授，江南富商沈万三因罪被流放云南。

第四种是自愿移民。这些移民是"非官方"性质的，有为逃避徭役而背井离乡的移民，有不堪连年战乱和自然灾害的难民，有为经商而四处奔走后想定居的小商贩。

明朝这一时期很是特别，入黔移民中既有朝廷重臣、富商大贾、文人墨客、能工巧匠，又有流放充军的罪人。这些人被迫远离家乡，在漫长的入黔之路上前途未卜，路途多险阻，征程多意外，无数人在途中丧生，坚持下来的人，最终在异地开始了新的生活。

---

① 长度单位，1里合500米，全书同。

南京移民在江西鄱阳湖中转

三

明初，入黔移民迁出前的主要集合地应该是应天府，史述具体地点一是位于明故宫的东南角，今南京蓝旗街和御道街一带的柳树湾高石坎；二是紧靠明故宫西面，今南京丹凤街和唱经楼之间的都司巷，这里南接黔宁王沐英之府。

先谈谈柳树湾。每次碰到明朝南京移民后裔时，他们都迫不及待地想知道有关柳树湾高石坎的历史信息。史载，洪武十四年（1381年），傅友德所率领的南征军在柳树湾一带集结，接受朱元璋的检阅，然后从这里出发。这是一条有助于柳树

南京柳树湾遗址，明代移民出发地

湾移民寻祖的真实记录。这批大军的祖籍绝对不可能全部是南京，更不可能全是从柳树湾高石坎出发的。实际上这些军队的构成包含了"南七省、北八省"广阔的地域，主要来自浙江都司、江西都司、湖广都司、河南都司，还有天策卫（皇帝亲军卫队）、金吾前卫和羽林左卫等。

南京柳树湾这个地方很特殊。明初时柳树湾以北是皇宫，以南有东城兵马司，中间是宗人府和吏、户、礼、兵、工五部及监狱大牢，用现在的话讲叫"核心地段"。奉旨充军云贵的官员、去刑部领旨充军云贵的罪犯，都要来柳树湾办理迁籍手续。另外，东城兵马司也驻守在柳树湾，还有都阃府（南征军指挥部）也在柳树湾，专门负责保卫傅友德、蓝玉、沐英等高级将领的南征安全。

再说说都司巷。都司是都指挥使司的简称，是地方最高军事领导机构，负责管理所辖区内有关军事的各项事务，如专管人员迁籍流动的事宜。对于云贵移民而言，真正的南京人是以南征、移民、充军甚至商家的身份来到云贵的。据考证，明军镇守云南时，沐英多次回到京城携江南、江西人移滇，后来沐春又移南京人入滇。这里所说的南京人，应含上元县、江宁县和周边地区的百姓。这些百姓不是南征军人，也不是充军，他们是作为普通的移民来到云贵地区的。

所有移民出南京时，必须要先去都司巷报到，然后办理注册、验身、销户、迁籍和领取安家补助费等相关手续。因此，都司巷成了他们离开南京前最后去过的地方，想必在他们的迁移落籍单上会写着从南京都司府（巷）迁至安顺某地落籍的字样。这些入黔移民最终成了贵州的生产主力军，他们沿驿道一线和军事要冲戍守，"无事屯田，以资军实"，"有事则战，守土卫国"，使得"卫所军屯"为明王朝稳定西南的战略发挥着重要的作用。

最后，讲一下关于"南京移民入黔屯边"田野调查和考现的初步认识。经过二十多年对屯堡的人物采访、现场收集、民俗挖掘、史料整理和事例对比，笔者发现明代南京移民的屯堡后裔在认祖籍时主要是柳树湾石门坎（高石坎）和都司巷这两个地方。如果说有人的祖先（家谱记载）来自南京柳树湾，那么他家的入黔祖辈一般是军人、官员或犯人；如果祖先来自南京都司巷，那多半是平民、工匠或商人。安顺屯堡人多为都司巷的后人，当然，这也不是绝对的。

六百年的安顺屯堡

明太祖朱元璋鉴于"霭翠辈若不尽服,虽有云南而不能保"的局面,为了屯垦成边,开发西南,除让沐英率大军镇守云南,以对付元朝的残余势力和时叛时服的土司外,还在城的周围建造既可攻又可守的屯堡群,并将普定卫、习安州合并设立为安顺军民府,从此"安顺"二字便成了地名。

从贵阳出发沿沪昆高速一路直驶,沿线两侧随处可见山谷盆地间绿树掩映着一片片银白色的石头建筑,那就是屯堡聚集无数代人的岁月和心血打造的赖以生存的屯堡村寨,它们以无声的语言,向人们讲述着六百年来的风云聚汇与坎坷历史。

屯堡所处地理位置是明代从黔至滇古驿道上的重要驿站,其所处的地理环境为四周低矮的山坡所围成的一块谷地,登高远看便可看清整个地形。屯堡人充分利用这种地形,依山傍水筑垒出错落有致、连片成趣的一栋栋石木结构的房屋,这些建筑相互依存,构成坚固的屯堡群。

安顺的屯堡有鲍屯、本寨、九溪、天龙屯、云山屯。屯堡中有驿站、塘房、烽火台、炮台、望哨、土城墙等军事设施。这里既是迎来送往、传递信息的驿站,也是历代屯兵要地。走进屯堡,那"石头的路面石头的墙,石头的瓦盖石头的房,石头的碾子石头的磨,石头的板凳石头的缸"的石头世界,令人赞叹。和这些石头相依相存者,就是至今还沿袭明初服饰文化的明代汉人后裔。

屯堡村寨布局以一条主巷通交于条条支巷,将各家各户连成片,多条支巷道只有一个口通往主巷道,构成封闭之势。

这些屯堡村落精心选择不同地段建造高耸的哨堡,在哨堡的不同方向留有三角形观察窗。屯堡建筑虽经几百年的雨剥风蚀,但至今仍能看出古时战乱中遗留下来的痕迹。

藏着六百年时光的汪寨村

田野民俗考现·黔中安顺屯堡明代民俗遗存

热闹的九溪田野

第一章

屯堡各家各户庭院讲究内部舒适和坚固。堡中民居沿袭了江南三进院、四合院的建筑特点，由正房、厢房、围墙连成一门一户的庭院，可防敌、防火、防水。院中到处是图案精致华丽的木质门窗，就连家院角落里的水漏都是精雕细刻，建筑中处处透着浓浓的江南风格。在雨中，轻踏在青石板上，在细细的小溪旁散步，如置身江南之地一般。

安顺的屯堡属于军屯，但这里的军屯与其他边疆地区的军屯有所不同。安顺军屯以军屯为名，实则是军屯、民屯、商屯三种形式并存。据当地人说，屯堡住户曾被分成军户、民户、商户三大类，各司其职，只能在自己的生活范围内活动。屯堡在所有的交通要道上设置了关卡，屯堡人要走出规定区域，必须持有官府出具的路引。在屯堡，军户打仗守卫，民户种田干活，商户经营供需。军户、民户、商户的划分，目的是让不同身份的人各司其职。

屯堡的相对封闭，恰恰保护了屯堡民间传统文化，独特的民俗文化形成了一个独立的文化体系。另外，在相对独立的空间中，又有着一定的经济基础作为支撑，使得文化有了传承和创新的基础。不同的文化又在交织中得到了平衡、分解和综合，最终形成了屯堡民俗文化。

安顺是一个五方杂处、多民族杂居的地方，汉族、布依族、苗族、回族、侗族、彝族等多个少数民族在此交错而居。明代来自江南、淮南、赣南、浙南各地的军民，从自己的家乡辗转来到这里，在漫长的岁月中，他们带来的文化与当地文化融合，经过六百多年的传承、发展和演变，形成了屯堡独特的民俗文化并日益发展成熟。

六百年的屯堡，六百年的故事，六百年的历史，六百年的沧桑。岁月悠悠，明代的江南文明没有消失，时光倒流，六百年前的江南风物在屯堡遗留下痕迹。黔中安顺屯堡以其遗存的古风和鲜明的特色，让世人为之惊叹、震撼。

屯堡古巷

身穿传统服饰的屯堡娘娘

屯堡娘娘

安顺地区军屯的独立生存体系

明代革除元代旧制,自京师到郡县改设卫所。朱元璋统一全国以后,军队实行世袭的军户和军籍制,将军队分设为不同的卫、所,负责驻防京师和全国各地,凡要害地方皆设官统兵镇戍。

地方行政区划在省下设府、州、县三级,西南地区及周边少数民族聚居地分别设置卫所及宣慰司、宣抚司、安抚使司、千户所、招讨司、长官司等,地方最高军政长官为都指挥使司。

卫所制度是明朝重要的军事制度,在边疆,明朝为加强军事威慑力,陆续派遣军士镇戍国内各地及边塞重镇,措施之一就是广置卫所,派驻卫所军,扼守险要。

屯民自制的弓箭

天龙屯堡天台山

卫所的设置原则是：设置在处于要害的地区，连郡设卫，一郡设所。卫隶属于地方最高军事管理机构，即都指挥使司，都司又隶属于朝廷的五军都督府。

明代卫所兵制规定：军皆世籍，父死子继，不得辄改。驻地固定，除非朝廷命令，否则驻地不能变动。军队在驻地屯田驻守，安家落户，不能任意流动，更不允许逃亡，如若军户已无人可入军，需从其原籍另调其家族中人前来替补。凡为军者必须结婚，携妻室前往驻地。

卫，这种军事制度把军队编制为卫、所两级。《明史·兵志》载，卫所军令下达顺序为"卫—千户—百户—总旗—小旗—伍卒"。大体上是以五千六百人为一卫，卫设长官指挥使（正三品）。卫之下分为五个千户所，每千户所一千一百二十人，长官为千户（正五品）。每千户所又分为十个百户所，每百户一百一十二人，长官是百户（正六品）。百户辖两个总旗，十个小旗，一个小旗十人。这是一种亦兵亦民的军事建制，不管地方政务，只管屯田和防务。为了使军人能够长期戍守一地，军人全部携带家属在卫所防区内屯田自给。这些军人在无战事时屯田戍守，和普通农民一样，等到战时，奉令参战平乱。寓兵于农，兵农合一。

同时，明朝在贵州安顺地区实行民屯、商屯和军屯，规定屯区内老百姓不得四

屯堡碉楼

屯堡碉楼防御指挥塔远眺

处流动。民屯由府、州、县管理，多分布于内地地旷人稀的地区，主要解决屯民粮食供应问题。商屯由户部管理，以保障军粮供应。朝廷鼓励商人运粮到边防粮仓，向官府换取盐引（贩盐凭证），然后贩卖，从中获取厚利。军屯则由卫所管理，集中于边陲地区。军屯以屯为单位，以每军受田五十亩[①]作一分[②]，官府提供耕牛和农具，前几年免纳租税，土地成为熟地后，每亩收税一斗[③]。军屯考核制度比较严格，主要是为了供应和储备军队的粮饷。

哨堡

本寨寨门

[①] 地积单位，1亩约666.67平方米，全书同。
[②] 旧制地积单位。
[③] 容量单位，现10升等于1斗。

起着防御作用的瞭望碉楼

矛箭眼

屯堡巷中墙体攻防口

军户包括校尉、力士、弓兵、铺兵等，民户有儒户、医户等，商户分为工匠户、厨役户、裁缝户等。这些户的划分是很严格的，主要是为了有需要时用人方便，要打仗就召集军户，要进行工程建设就召集匠户，要囤粮补充后勤供养就召集商户。

　　军士屯守比例是边地军队三分守城，七分屯种，内地军队二分守城，八分屯种。大规模的军屯增垦了大量土地，粮食产量因此增加，基本上保证了军粮自给。

　　军屯、民屯和商屯相结合的方式，达到了百姓休养生息、社会趋于稳定、人口逐年增加的目的。自洪武年间开始大量移民屯田，全国垦田数量年年增加，《明

史·食货志》记载，是时"宇内富庶，赋入盈羡，米粟自输京师数百万石外，府县仓廪蓄积甚丰，至红腐不可食"[1]。

明朝的边疆卫所军屯制度让大量江淮移民充实于云贵，这是明代规模最大、人数最多的一次内陆汉民向边疆地区的迁徙活动。此次移民，使安顺民族成分发生了重大变化，汉族开始成为安顺人口较多的民族，改变了安顺的民族分布状况。

---

[1] [清]张廷玉：《明史》，中华书局，1974年。

安顺屯堡民俗文化的形成

明代社会,举凡人口的持续增长,经济的商业化与货币化,城市的繁荣,社会流动的加速,生活、文化的活力与多样性,无不显示出这个时代的兴盛。文化方面,根据服饰、房舍、器用、婚娶丧葬等习俗的变化,可将明代文化发展划分为初期、中期、末期三个阶段:洪武至宣德(1368—1435年)为初期,正统至正德年间(1436—1521年)为中期,嘉靖至崇祯(1522—1644年)为末期。安顺屯堡民俗文化是在明洪武后才形成的。

我们从服饰、饮食、居住、行旅交通、冠婚丧祭、节日、休闲娱乐、社交礼仪诸多方面,对明朝屯堡人的观念与生活的变迁做了详细的考察。同时,查阅了安顺地区上自官员、士大夫,下至商贾百工、医卜星相各社会阶层的有关史料和民间传说,并对他们的生活习性进行了比较,进而发现明朝屯堡人当时的生活已具有了商业化、艺术化的趋向,这是明代民俗文化在屯堡得以传承与传播的重要原因。当时,来自各方的移民聚集安顺,移民文化背景不一,南京文化、军旅文化、江南江淮文化、北方中原文化、安顺本土文化在此碰撞。

民俗文化根深蒂固,难以动摇,来自不同地方的移民既受家乡文化影响,又要融入当地文化,久而久之,产生了新民俗事象。同时,因明代有屯民不能任意流动的规定,所以在相对封闭的环境中,移民在一定程度上保留了各自家乡的习俗,并在不断地传承着,使得现在的屯堡在祭祖、建筑、语言、服饰、婚丧等方面的习俗同中有异。

总之,"混杂"的民俗文化造就了如今屯堡文化的特有模式。在近六百年的时间里,屯堡逐渐形成了既有明朝的文化传统,又有当地特色的屯堡民俗文化新事象。世人能从屯堡文化中看到江南文化的影子,而南京人又可以从中看到明朝时期南京

屯堡地戏在南京明城墙下交流演出

祭祖

041

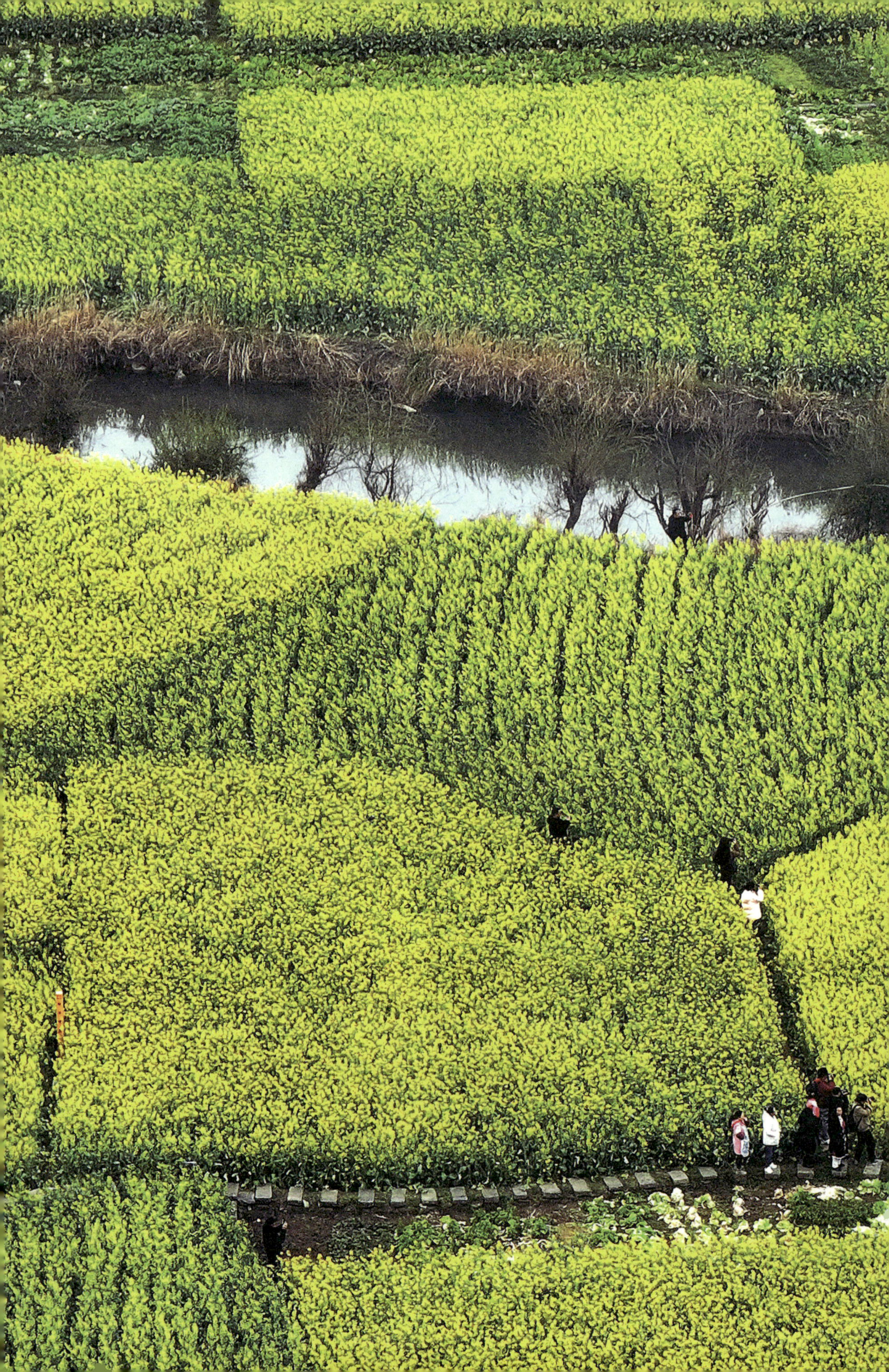

巡游

文化的缩影。这两种文化的结合，使屯堡民俗文化不断地更替、发展和传承。

制作地戏脸谱

屯堡人的明代语音经过数百年变迁未流失；屯堡妇女的装束沿袭了明朝南京汉族服饰的特征；屯堡食物具有易于长久储存、携带、便于长期征战给养的特征；屯堡人的花灯曲调还带有江南小曲的韵味；屯堡人的地戏原始粗犷，对战争的反映栩栩如生，被誉为"戏剧活化石"；屯堡人以石木为主建造的既美观又具独特防御性的民居建筑构成安顺所特有的地方民居风格。

如今的安顺屯堡依旧保留着明代江淮古风的余韵，融合多种文化元素的屯堡文化在改朝

精心雕刻木制地戏脸谱

换代几百载后，至今仍然保留有明朝时期的习性和生活习惯。屯堡文化是人们对安顺一带独特的明代屯军堡子文化现象遗存的概括，是在一个地域内，群体历经六百年而不改变其服饰、风俗、信仰，顽强地存在于黔中大地的文化事象的总称。

走进安顺屯堡，走进明代历史，在恬静古朴的小巷深处，在高大的碉楼上俯瞰屯堡这个十分独特的民俗文化集合体，在六百年间既自觉地、顽强地固守和传承着明代文化，又融入贵州这片土地，生根发芽。这样的屯堡文化，蕴藏着无穷尽的谜底，散发出无穷尽的魅力。

制作完成的地戏脸谱

地戏开演（一）

地戏开演（二）

考现黔中安顺屯堡明代民俗的遗存

安顺居黔中腹地，四境皆黔壤。从普定县穿洞遗址发掘出的骨铲骨针，填补了"中国南方无骨器"的空白。春秋时，安顺一带属于牂牁国，战国时属夜郎国，后以牂牁、夜郎的历史演变为发端，伴随各历史朝代的兴衰更替。至明代，历史风云把安顺卷入了战火之中，从此安顺进入了历史发展的转折时期。

调北

明代，普定路土知府适尔归顺明王朝，改任普定府知府。明洪武十四年（1381年）"调北征南"令出，大军前往云贵，大本营驻扎在傅家大寨（旧州刘官乡鲊陇大寨）。洪武十五年（1382年），安陆侯吴复奉旨在阿达铺（今安顺西秀城区）修筑城池，设普定卫，万历年间安顺州升为安顺军民府。"安顺"之名，当为"招安顺服""达安从顺"之意。至此，安顺正式成为府属建制，一直延续至清代。

明初，除驻扎的军队官兵及家属之外，还有来自江南地区的大量汉民以不同方式进入安顺。他们带来的先进农耕与纺织技术改变了当地传统农耕的落后状况，同时，江南文化也在此立足、传承并得到传播。这一切给安顺带来了极大变化，并使安顺得到发展。

安顺的发展离不开明朝军屯这一项重大举措，而屯堡的发展更离不开文化的支撑，因此我们要在这里考现屯堡遗留的明代民俗的历史踪迹，了解屯堡的文化传承。明军奉敕"调北征南"，汪可、费寿、陈彬、郑琪四位为正统领，率屯军到达安顺，接着把部队分别安排在各乡建造屯军堡子。这就是"调北"。

屯堡独特的建筑风格

屯堡老汉人

填南

屯军总旗领种田地二十四亩,小旗领种二十亩,屯军每人领种十八亩,并发给耕牛、种子、农具,就地立寨安居,最终将军队以军籍世袭的形式留驻,随后又把其家属全部接来,战时为兵,平时务农。此为"征南"。不久,大批汉民迁至黔中,除配送帑银和土地外,还可以三年不纳税。此为"填南"。屯军与移民交织在一起,辅以军屯、民屯和商屯形式,最终在安顺地区形成一片独具特色的汉族村寨——安顺屯堡。

明代实施"填南"方略的真正目的,是稳定西南地区。明代以前是不允许私人立族谱的,明朝廷为了稳定屯军和移民,特许各氏族可以修家谱,同时还让他们建宗庙祠堂和开坛祭祖。明朝廷想用推广宗法继承的方式约束屯民,但其恰恰对屯堡文化的形成起到了推动作用。

还有一点非常重要,屯民和世居民族之间存在巨大的文化差异,他们如何相处?一开始,相互排挤是难免的。屯民"奉旨戍边",来自皇都的天子脚下,是明朝开疆拓土的功臣,他们不改变自己的服饰,保留乡音,和世居民族保持距离。而世居民族认为屯民占了自己的地、自己的山,加之语言、习俗等大不一样,一时之间难以接受。因此,为了在安顺立足,屯民只好抱团取暖,团结协作,共谋生存。正是这种凝聚力,把他们紧密地联系在一起,在相对固定的生活圈中互动互助,共同创造和传承了屯堡民俗文化。

随着民屯和商屯的蓬勃发展,安顺逐步形成了高度密集的屯堡群落,成为西南一带屯堡最集中的地方。屯民所居住的都是带军事性质的屯、堡、官、哨、所、卡、旗等村寨,在缓慢的社会发展过程中,这种相对封闭的社会环境对屯堡文化的形成与民俗传承起到了重要的作用。

进入安顺的移民,"顽固"地把六百多年前家乡一带的文化保留在另一个文化空间,他们赖以生存的屯堡也因此成为研究明朝时期语言、服饰、建筑、民俗等的重要载体。

安顺鸡场岩腊的苗族女孩

旧州

屯堡的非物质文化遗产有地戏、花灯、抬亭子（又名抬汪公）、山歌；天龙天台山伍龙寺和七眼桥的云山屯被列入国家重点文物保护单位；天龙镇、旧州镇已申报成为国家级历史文化名镇；鲍屯村、九溪村等已成为历史文化名村。这些都是屯堡文化的重要载体。

我们在考现过程中发现，安顺屯堡文化的核心在旧州镇。旧州镇因明成化年间安顺州治所迁徙普定卫城，原州治所改称"旧州"而得名，其曾是安顺的政治中心。旧州镇虽已有些破落，但仍散布着许多明清时期大户人家的院落，甚至还遗留着汉族、苗族、布依族、仡佬族等民族风情。

被誉为"中国戏剧活化石"的地戏，西路花灯的灯夹戏和歌舞灯，每年正月的抬亭子，寓教于乐、劝善积德的说唱，还有屯堡独特的六百多年未消失的北方语音，明清时期至今仍然流行的凤阳汉装、节庆、风俗，以及民间手工艺制作技艺，如银饰加工、地戏脸谱雕刻、食品加工储藏技术等，这些文化现象都发端在旧州，并以旧州为中心发散开来。

从这些民俗文化的特性上看，可以说旧州对安顺文化的形成有极大的影响。旧州是领衔安顺文化整体保护与利用的核心区，现今依然保留着鲜活的文化符号，没有讨好旅游者的"伪民俗"，有的是丰富的汉文化。因此，研究安顺文化、屯堡文化时应多关注旧州，重视旧州。

还有一个关键点，旧州作为安顺曾经的政治、军事和商业中心，不仅连接着各个屯堡，还是古驿道上的边塞重镇。行走在旧州石头砌成的茶马古道上，遥想明朝商贾穿梭在这片素有"黔之腹、滇之喉、蜀粤之唇齿"的要道的场景。从古驿道到屯堡驿茶，再到今天散落在安顺的茶馆，都足以证明安顺茶文化的悠久。在这里，可以寻找安顺"贡茶"的历史痕迹，了解安顺茶叶曾经的辉煌。

另外，据说沈万三从金陵带到旧州的先进蒸馏酿酒工艺酿造成的"万三公酒"，从旧州古驿道流转到屯边，受到了军民们喜爱。

沿驿道走进旧州

驿茶亭

敬驿茶

驿茶延续了明朝军旅屯戍文化

鲍 屯

　　黔地，号称"襟带楚粤，控制滇蜀"之地。湖广战役一结束，朱元璋便把目光投向了这里，数年后要收复西南，贵州是一条必经之路。作为一位运筹帷幄的雄主，深谋远虑的朱元璋意识到了贵州巨大的战略价值。

　　据《安顺府志》记载，明太祖朱元璋为了平定云贵地区的叛乱，于明洪武四年（1371年）派大将汤和率兵南征贵州。也许从汤和开始就有驻兵现象，但在官方史料中未曾查到洪武四年（1371年）有明军进入安顺的实证。

　　《鲍氏家乘》记载："始祖鲍公，讳福宝，原籍南京直隶省徽州府歙县新安卫棠樾村，明洪武二年（1369年）远徙贵州普定卫，卜居永安屯。"这段历史清晰地记载了鲍福宝的籍贯和入黔时间。洪武二年（1369年），距离朱元璋大规模"调北征南"尚有十二年，可一支军队已经作为先锋先行出发，深入贵州腹地。这支军队的将领，便是鲍氏入黔始祖——鲍福宝。如果真是这样，那就把安顺的屯堡历史向

始建于明洪武年间的鲍屯塘坝式水利工程体系一角

前推了十二年，我们研究屯堡文化就应该从明洪武二年（1369年）开始。

鲍福宝到贵州以前，曾随德庆侯廖永忠、营阳侯杨璟征战湖广，仅用数月时间便收复了今湖南、广东、广西等大片土地。当战火烧到云贵边界时，鲍福宝奉命成了征南先锋的振威将军。

在这危机四伏的不毛之地，安全是鲍福宝安营扎寨的首要考虑因素。他对鲍家屯的规划是"或修屯于山，或砌墙于洞"，要形成"家自为塾，户自为堡，倘贼突犯，各执坚以御之"的军屯与民居形式，打造一座牢不可破的屯堡。

在鲍屯做考现调查时，我们实录了鲍氏后人的口述史：鲍福宝建屯时首先确定了前哨阵地，在受敌威胁最大的正南方向，利用村子周围的垭口山、黄山、大青山、小青山、小坝山、后园坡、石壕坡等七座小山，构成了外围防御阵地。再在外围的西北、正南、东南方向，建带子街、小果园、蚱塘河三个小村庄，作为第二道防线和缓冲区，形成"外八阵"。然后，沿着村内的瓮城，利用曲折的巷道、隐蔽的暗道和无数的枪眼，形成"内八阵"。内外八阵相呼应，与俯瞰全村的碉楼形成一个坚不可摧的整体攻防系统。

不仅如此，当时明朝驻军军官督司鲍福宝还将安徽歙县的鲍家拳也一并带入驻地，让鲍姓子弟日夜操练。在固若金汤的内外八阵和祖传拳法的庇护下，鲍家屯面对盗匪、野兽的威胁，顽强地坚持到了洪武十四年（1381年），明朝开始大规模的征南战役。在明军到来前的这十二年间，鲍福宝及他的部属早已展开了侦察工作，为征南的明军提供了敌人的兵力部署、民族分布及当地民心向背、山川地貌等重要情报，作为明军军事决策的依据。

鲍屯外，还有一座六百年前修建的水利工程，被称为"袖珍都江堰"，至今还在使用中。2008年，西南地区持续特大干旱期间，这个古代的水利工程依然发挥着它的功能，为鲍屯人的生活、田地灌溉提供了足够的水源。这个完整的古代乡村水利工程，已被联合国教科文组织亚太遗产保护委员会授予亚太遗产保护最高奖项"卓越奖"。另外，还有村民口述这一水利设施是沈万三引进并修筑的，但目前尚未考证。

节庆中的鲍屯

第一章

九溪

安顺有"九溪是座城，只比安平少三人"的说法。九溪，俗称九溪坝，始建于明洪武十四年（1381年），朱姓等十大姓将士建立大堡，顾姓建立小堡，宋姓建立后街。到清朝鼎盛时期，九溪户越两千，人口超八千。如今的九溪共有一千二百多户，人口超过四千五百人，有着丰富的历史底蕴和独特的文化景观。

享有"屯堡第一村"美誉的九溪，民俗活动繁多，有玉皇会、观音会、蟠桃会、开秧门、雷神会、河灯节、牛王会、祭灶神等，从年头热闹到年尾。尤其是"抬汪公"，更是热闹非凡。"抬汪公"又称"抬阁（屯堡抬亭子）"，每年农历正月十八，屯堡人在汪公庙前举行隆重的祭祀仪式后，抬着"汪公"像在屯中巡游。道路两旁的屯堡人家摆上供品、点烛上香、燃放爆竹迎接。巡游队伍中还有古装花车、腰鼓队、地戏队等，充满了浓郁的屯堡民俗风情。

"抬汪公"始于明代徽州，随后传入屯堡。据资料记载，汪公名华，祖籍安徽，隋朝末年为歙州地方官，在任多有济难利民的政绩，堪称仁臣。"生为忠臣，死为名神"，既成神圣，关于汪公的种种显灵救人神话由此派生出来。汪公是屯堡人信仰的神祇，"抬汪公"又叫"迎神""迎菩萨"，表达了屯堡人崇仁向善、祈福祛灾的美好愿望。

一年一度的屯堡"抬亭子"是屯堡人的"狂欢节"，这一风俗活动主要分布于安顺九溪、七眼桥、大西桥一带的屯堡村寨中，因为这些村寨中来自安徽皖南一带的明朝移民较多。此外，汪氏是个大家族，只要有安徽老屯民的屯堡聚居处就有汪公庙。

在安顺屯堡地区，不少人以祖籍徽州明初屯军后裔自居，汪公成了他们的保护神。从家族入手，追寻徽州汪氏家族与汪公入黔的关系，探讨作为社会文化现象的"抬汪公"仪式在屯堡移植和保存的意义，可以作为探究文化与国家、社会之间互动关系的一个视角，通过明初大规模军事移民的国家行为，来认识文化移植和民俗认同的过程，还可研究民间信仰在社会中的协调与整合作用。

九溪中间街上建于明崇祯十一年（1638年）的古井

赶集

"抬汪公"

天龙

从本寨、云山屯到天龙屯堡，虽建筑还在，但本寨和云山屯已人气不足，屯景一年不如一年。本寨冷冷清清，已少见世居民族了，我曾经在云山屯戏台右侧坡上采访过的明代南京移民后裔徐氏一家也已不见踪影。

这些屯堡确实让人大开眼界。石头房子错落有致，枪眼、炮台、碉楼、碉堡，形成了易守难攻的建筑群体，大有"一夫当关万夫莫开"之势。每个寨子都建有寨墙、碉楼，石头外墙包裹着江南民居风格的四合院，鳞次栉比，巷巷相通、户户相连，既宜人居又利巷战，被学者誉为"冷兵器时代的最后堡垒"。凡是屯、堡、旗、哨为居住名的屯堡大多是军屯，凡是庄、寨、湾、塘、坝为名的多是民居，这样的"历史活化石"应该注意加大保护性宣传的力度。

还是天龙屯堡热闹一些。天龙毕竟是一个大镇，是古代从黔至滇古驿道上的一个重要驿站。因其所处的地理环境为四周低矮的山坡所围成的一块谷地，登高远看极似江南农村盛饭的饭笼，故称"饭笼驿"。民国初年，经乡儒商议取天台山的"天"字、龙眼山的"龙"字，合而名为天龙镇。

走进天龙屯堡大门，迎来的第一声响是守街的驿茶站里郑妈妈一声亲切的招呼："来一碗驿茶呀，去去寒，暖暖身。"据当地人讲，由于贵州山地多瘴气，明时不少入黔的人因此而生病。为壮军补身，军医们把独特的医药配方的药材，放进大壶中热火煮烧，屯兵饮用后，达到生津止渴、避暑驱瘴气的作用。如今古风尚存的驿茶亭，瓦罐里仍飘着腾腾热气。

在明初，天龙镇有张、陈、沈、郑四大姓之祖随征南大军入黔驻扎于此，通政大夫陈典主管驿战，其余三姓负责军队屯操。"就地屯田"后，为在异乡戍边生存，四人结为异姓兄弟，陈氏主管行政、郑氏主抓军事，沈氏和张氏则从事商贸，四家共同开发这一块土地。据当地人说，因为恋乡情结难以割舍，为怀念江南水乡的滔滔大河，他们把建寨的后山取名"大河山"。

天龙屯堡人才辈出，清代，郑氏一门就以一进士、一名儒、三武举为乡梓所景仰。抗日战争时期，陈氏更是出了一位抗日英雄陈蕴瑜将军。

天龙屯堡里的南京影子太多了，带有明清遗风的南京明装，语言"男娃儿""女

天龙思乡井旁

娃儿"的卷舌发音，鸡蛋肉卷、血豆腐等南京传统菜等。特别值得一提的是祭祖，每年清明，家家大门上插柳枝，扫墓时也要在先辈坟头插柳树条以示思念，这是祖先留下的规矩。一是为了纪念自己远在南京柳树湾的祖先，二是教育子孙后代不忘记自己是柳树湾先民的后裔。还有农历七月十四日的中元节里，天龙屯堡每家每户都要面向东方，即南京方向，三跪九叩，同时把制作好的南（南京之意）瓜灯放在河面上，任其向东北方漂流而下，把逝去的先人们对应天府的思念送到遥远的祖地。

从明洪武年间开始，六百年沧桑岁月，造就了安顺屯堡，这里也是如今所存不多的明代古村之一。六百年前，明朝遍布全国的军屯哨所，大多已湮灭无迹，而贵州高原腹地留下的屯堡人和屯堡文化，仍在延续着明朝遗留的文化。

社会在不断地发展变化，然而生存在贵州腹地安顺的土地上的明朝移民，还顽强地保留着祖先留下的建筑形式、生活传统、风俗习惯等，以求召唤人们去寻觅先民的足迹，去体察历史的刻痕。

远眺天龙屯堡

田野民俗考现·黔中安顺屯堡明代民俗遗存

第二章

南京遇缘安顺/安顺屯堡中南京民俗的存在与传播/屯堡建筑与南京河房/屯堡"南京明服"的动态变化/屯堡食俗里的"南京味道"/南京方言，安顺屯堡里的"官话"/承袭中的"红白喜事"/屯堡地戏与南京跳五猖/屯堡花灯的渊源与流变

江南水巷

南京遇缘安顺

走在安顺，只要询问屯堡人的祖辈来自哪里，大多数人都会说来自南京。南京是安顺屯堡人说不完的话题，是屯堡人心里的牵挂，更是屯堡人寻根的情结。寻根问祖，落叶归根，是华夏民族永远抹不去的故乡情结。

木之有本，水之有源，人有祖宗之源。在屯堡沈氏、郑氏、陈氏、张氏、杨氏、南氏的家谱里，清清楚楚记载着他们祖籍地为应天府的柳树湾、高石坎（石门坎）、绲丝巷（都司巷）、石灰巷等。这些地方都是他们的祖先生活过的地方，也是明军、明匠出征屯堡前的集中地，更是众多汉族移民的祖籍地。

明洪武十五年（1382年）前后，朱元璋将三十万大军的家属送往黔地随军屯田。后云南都督沐英和沐春父子曾两次专门回南京广招工匠前往普定卫，并给移民到安顺的农民发种子、资金，分田地。沐英是明朝移民的一员，又是移民组织者、安置者。

虽然当时的移民对南京有着特殊的情感，但遇"安"则安。他们在"调北征南"不断迁移的过程中，始终保持着良好的心态，努力在落脚地安心生存，坚守明代民俗文化，传承着明代大襟宽袖、蓝色长袍的汉装，在言语中保留着老南京方言调。更让人感叹的是屯堡建筑完全用石头垒建，是一座和南京齐名的"石头城"。

屯堡作为驿站，是主要负责为过往信使、商旅、军队提供食宿的歇脚场所，这给安顺带来了发展机遇。明代南京移民安顺屯堡的人，或是无产业的农民，有先进的耕作技术，怀揣着做新土地主人的愿景，或是自由移民，应在安顺站稳脚跟的亲戚、同乡之邀，前往从事商业或手工业。这批人因自身经济、技术条件不同，到安顺后，有的落地生根，开荒种地，世代以务农谋生；有的南来北往，贩卖商品，成为商贾；有的开作坊，靠着精湛的手工技艺发家致富；有的替人种地，为人打工，整日为生活奔忙。他们都对未来满怀希望。

天龙陈氏老作坊

这些移民进入安顺后，开矿、冶炼、纺织、扎染、经商、做工、务农、开铺、修路、建舍，甚至挑筐串街、摆摊设点、卖油售布、打草鞋、制砖瓦等，丰富了当地民众的生活，促进了当地经济发展。

在当地考现发现，在所有的入黔移民中，南京移民人数众多，比例较大，加之零星移民，数代繁衍之后，在安顺构成一个数量庞大的人群，极大地改变了当地的人口构成。时代让南京遇缘安顺，也让安顺结缘南京。在屯堡的衣、食、住、行、言、戏、曲、婚、丧、祭等民俗活动中，处处留存着南京的元素和明朝的风范。

秦淮古建筑

安顺屯堡中南京民俗的存在与传播

费孝通先生指出,乡土社会中,人们依赖经验而不是依靠计划活着。这是在时间进程中习性替人们选择的一个维系传统生活的方式,乡绅乡贤等意见领袖往往更容易影响文化的走向。可见,名人与文化之间,从来就有联系。个体只需要依照自己的意愿或欲望活动即可。个体所依照的自我意愿,其实在一个历史时段里必然与某个社会环境里约定俗成的某种文化习惯相背离。

一个地方的发展,往往离不开杰出人士的积极贡献。顾成、沈万三之于江都、南京、周庄,不仅仅是有着血缘上的关联,更在于文化的承袭与交融。众人皆知他们的发迹离不开家乡,但扬州江都和南京城诸多明代流行至今的民间传说与故事,却将顾成、沈万三与安顺民俗文化紧紧联系在一起。

"文化"一词,原本定义广泛,但在近代学者朱自清看来,中国的文化在唐以后,随着士庶等级制度的瓦解,逐渐雅俗共赏。民间的世俗文化之所以流传久远,皆因其与人民的生产生活密切相关。南京这座城,几经朝代更替。从民俗传承和发展看,在南京城经历动荡的过程中,流徙他乡的南京人把自己最珍贵的文化财富也带到了异乡。

南京的城市文化在异乡生出根,如屯堡的南京文化。从考现结果看,如今在南京城消失殆尽的明代南京城市风俗甚至语言,在安顺仍旧随处可见。这一点,还真得感谢明朝贵州都指挥同知顾成和戍边将士及移民百姓,还有被谪戍边疆的沈万三等商人和士大夫们。从人物研究的角度说,如果没有他们包容开阔的处世心态,可能南京的明代文化便不能寄身异俗民风而得以保存,他们给安顺民俗文化带来了巨大影响。

从明史研究的角度梳理被文化表象遮蔽的人类发展线索,是让民俗研究更有价值的重要一环。什么是民俗文化？衣食住行等事象也。表象之下更是不可动摇、不易更替的核心精神和文化内涵，具有稳定性和传承性。每座城都有独属于自己的民俗事象，它们是对民间风俗代代承袭而形成的一种文化。一座城的文化根基往往由此而成，不同领域里的事象合在一起，便形成民俗的整体。

从南京人的礼仪民俗着手，我们很容易发现南京民俗文化里充溢着的"醇厚性、包容性、人本性"。有了这些对南京文化的初步的判断，再通过对南京的民俗分析，我们可以借助顾成和沈万三及其家族的故事探究南京与安顺民俗文化间的深层联系。

民俗文化只有不断更新才能得到有效和充足的发展，否则将慢慢淡出世间，渐渐沉入历史洪流之底。随着社会的进步，市场的开放，旅游的兴起，民俗文化作为精神文化的一部分被逐渐重视。在传统的民俗内容中找到一些新内涵、新亮点，以科学、理性、严谨、务实、尊史为原则，响应时代需求，实现创造性转化和创新性

清明时分，屯堡娘娘们面向南京方向祭祖

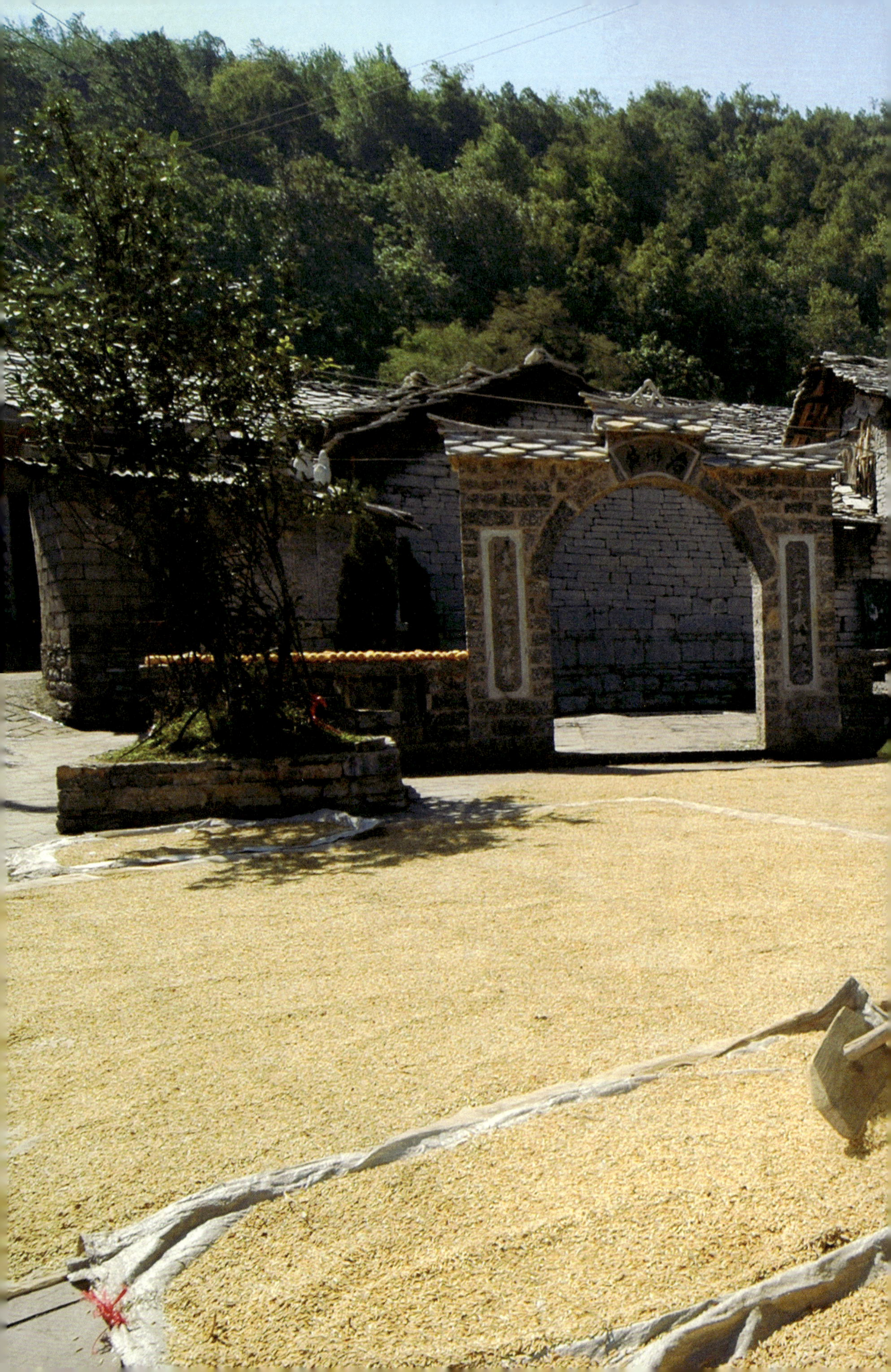

晒秋

南京女童走进屯堡寻亲

发展，才能真正做到推动和传播民俗文化，将中国民俗文化发扬光大。

对屯堡民俗文化的考现活动，为我们重塑明代南京文化风貌提供了丰富的研究素材。在正史容易忽略的野史、民间笔记、民间族谱及习俗里保留着文化传承的重要信息，衣食住行里也有明代风貌的影子。一个人的影响不足以改变历史，一个家族的变迁也不足以形成地域性民俗风貌，但是能够在岁月流变中稳固传播的民风民俗，一定程度上见证了一定区域的文化形成与发展。把屯堡历史与旅游文化传播紧密结合起来，从传播学的角度研究和探讨屯堡之发展，这是一个崭新的研究课题。

参观者来到屯堡，是为了体验当地民俗与个人常住地民俗间的差异之处，并在这千差万别的文化要素中寻找共鸣。这一点在江南尤其是南京人眼中显得特别重要，他们往往会对相近的民俗文化进行对比考察。比如，南京游客就会对屯堡口语、服饰，如屯堡"南京明服"中的大袖子、梅花管簪尤为感兴趣，甚至会产生出利用屯堡服饰，搞一场"屯堡六百年服饰时尚走秀"的想法。这样的推广、传播、利用，能让外界认识屯堡，同时也给屯堡文化走出大山提供一个新舞台。把屯堡风俗视作贵州文化符号的一部分，跳出现有的屯堡文化圈，用新时代的屯堡民俗文化身份来推动整个屯堡文化的新建构、新演变、新拓展。

屯堡民俗文化是人们对安顺一带独特的明代屯军堡文化现象遗存的概括。屯堡文化既有自己独立发展、不断丰富的历程，也有中原文化、江南文化的遗存；既有地域文化特点，又有中国传统文化的内涵。一方面，屯堡人执着地保留着先民们的文化个性；另一方面，在长期的耕战耕读生活中，他们又创造了特有的地域文化。

要想把这种地域文化传播出去，除了政府组织的各类活动和旅游推广，还可利用现代媒介手段，向外界推介这种象征着传统民俗的景象，这是传统民俗文化在现代媒介社会中所找到的一种生存方式。依托现代媒介，屯堡文化或许有望成为一种具有影响力的"新民俗"。

既然是传播，就一定会产生效果。但是，在旅游过程中，人际传播的效果是难以估量的。因此，屯堡人要特别重视自己的文化，挽救和保护一些即将消失的民俗文化，既促进传统民俗的继承和传播，又满足现代人审美、文化和社交的需求，让传统民俗焕发生机，重新进入人们的视野，成熟后再转向文化市场，进而产生经济效益。

  对于不同文化背景的族群之间的跨文化传播，用特殊的媒介将旅游地的差异文化表征、建构直译过来，把具有屯堡当地特色的建筑、服饰等民俗的特点以及新民俗用影像展现出来，就是一种很好的方式。

  屯堡相对封闭的地理位置让不同文化现象在此交织，并得到了平衡、分解、取舍和融合，最终形成屯堡民俗文化。屯堡保护了原有民间民俗文化的传统形式，在屯堡间形成了民俗文化的"自产自销"现象，这反倒是形成了一个独立的文化体系。另外，在相对独立的空间中，屯堡民俗文化又有着一定的经济基础作为支撑，这使得屯堡民俗文化有了创新发展的源泉。

屯堡建筑与南京河房

首先,有必要严肃地指出,安顺的屯堡建筑不是徽派建筑,更不是仿徽派建筑。现在一些文化学者和媒体不断宣扬安顺屯堡建筑是仿徽派建筑风格盖建的,这应该是不正确的。

安顺的屯堡建筑,最早可追溯到明洪武四年(1371年)的鲍屯,到明洪武十五至十六年(1382—1383年),屯堡已基本成形,并且完成了整个建筑群和个体建筑物的布局、定位和基础设施建设。而徽派建筑在明晚期开始出现,到清代才真正形成,这比屯堡建筑足足晚了两百多年。不能因为屯堡中有老徽州的移民,就认为屯堡建筑的设计理念是屯堡移民明初从徽州带过来的。

徽派建筑又称徽州建筑,流行于旧徽州,也就是今天的安徽黄山歙县、休宁、祁门、绩溪、黟县及江西婺源等地。在明朝中叶以后,许多徽商在南京、扬州、苏州等地经营茶叶和山货的买卖,一批批富商大贾不断涌现,并崛起成为商贾大帮,雄踞中国商界长达两三百年。

在清代,徽商是盐商代表,富甲一方,曾先后接待清帝康熙、乾隆南巡。这些发达后的徽商为光宗耀祖、彰显身份而大兴土木,他们在吸取江南地区的南京、扬州、苏州等地建筑特色基础上,在徽州乡间故地建豪宅、修祠堂、竖牌坊、造园林等,给徽州的面貌带来了大变化,并在徽州的地理、文化特点影响下,逐渐形成了徽派建筑风格。因此屯堡建筑和徽派建筑之间根本没有必然的联系,唯一的关系可能是这两者的建筑均带有明初南京建筑的一些风格。

当前史料显示,安顺文庙始建于明代洪武元年(1368年),当时这里还是元末梁王之地,该文庙最终建成于洪武十六年(1383年)。

在安顺的山谷盆地间,绿树掩映着一座座灰色的石头建筑,那就是屯堡人打造

金陵檐雕

的赖以生存的自由空间——屯堡村寨。明王朝为了制止内患、巩固边疆和减轻驻防军队的粮饷负担，实施屯田制。官兵民众，跑马圈地，聚伍为营，聚族而居，立栅建寨，一个个屯堡村落以它无声的语言讲述六百年来的风云聚汇与坎坷历程。

走进安顺屯堡，眼前呈现着"石头的瓦盖石头的房，石头的街面砌石头的墙，石头的碾子转石头的磨，石头的碓窝舂石头的缸，石头的板凳依石头的靠"的独特景象，令人赞叹。屯堡人将石头艺术在他们的生存环境中发挥到了极致。

为了区别于本地其他建筑形式，形成自己独立的文化单元，安顺屯堡人选择了用石头盖建房屋，一可以就地取材，二能防御兵火。在战争年代，军事防御需要随地势修建圆形或半圆形的围墙，并在寨前修建高大而坚固的古寨门，从气势和实力上威慑敌人。以石头建造的防御式民居建筑，要根据屯堡所在地的地理环境、军

南京长干桥明代沈家粮仓一角

事攻守需求、交通运输便捷性和石材资源情况综合考虑，才能设计和建造有安顺地域特色的带有诸多功能的屯堡建筑。

当然，建造一座屯堡不是由屯长或族长一人决定的。明代人在选地时特别讲究堪舆。屯堡建筑选址时尽可能靠山不近山，临水不傍水，既可攻，又可守，避免洪涝灾害；寨前必须视野开阔、便于瞭望与缓冲，还要兼具耕田水源充足等条件，同时背有靠山，前临坝子，两侧流水曲折。如九溪、鲍屯、吉昌屯、本寨、雷屯等在选址上都有这些共同特点。

屯堡内多按江南纵横交织的街巷布局进行划分，也就是以一条主巷道和多条支巷，将各家各户连成片。而军防和民居建筑则采用三合院或四合院的建筑形式。

南京河房，是指南京秦淮河两旁的房舍。明吴应箕《留都见闻录·河房序》载：

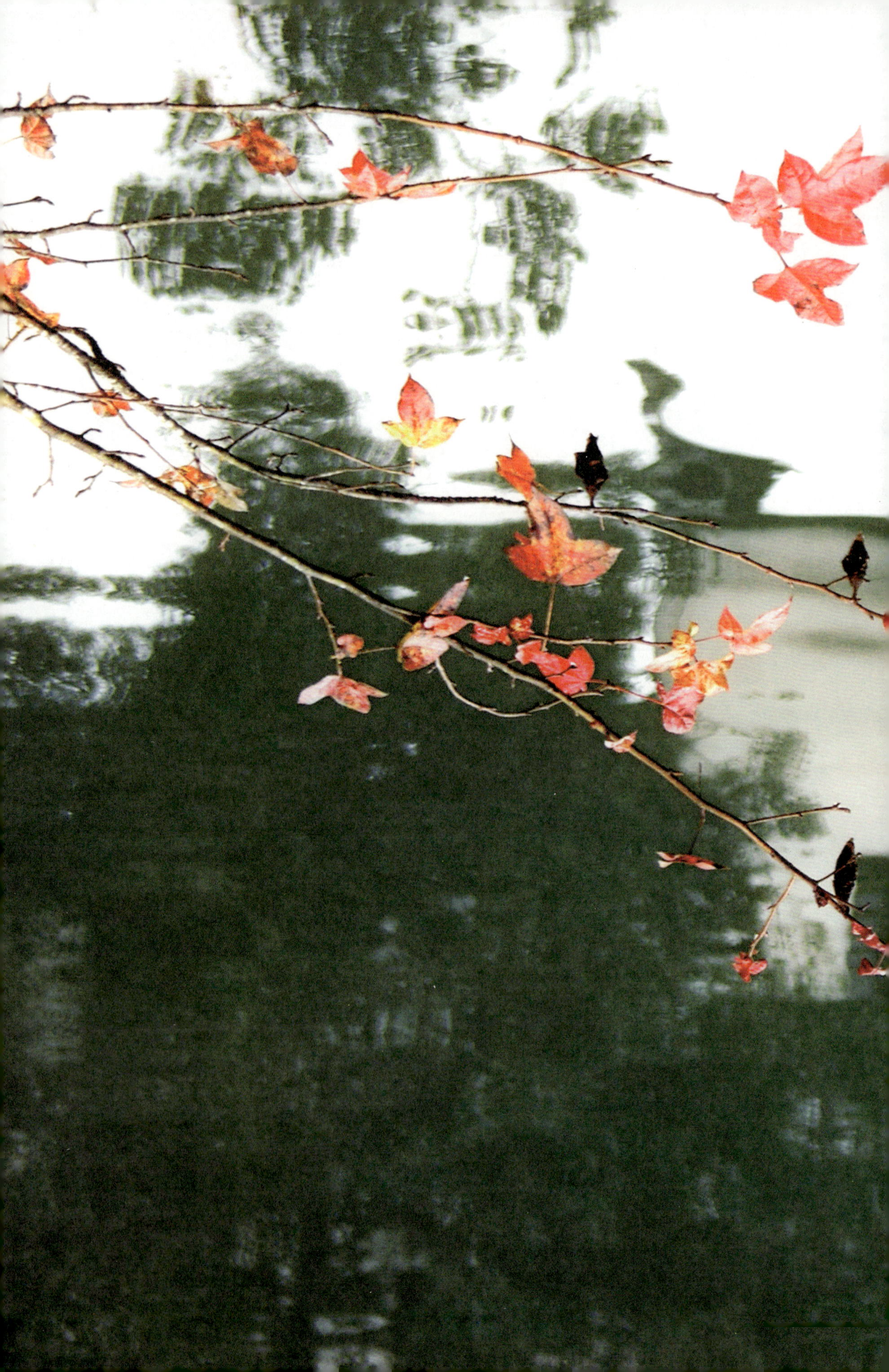

"南京河房,夹秦淮河而居。绿窗朱户,两岸交辉,而倚槛窥帘者,亦自相辉映。夏月淮水盈漫,画船箫鼓之游,至于达夜,实天下之丽观也。"[1]从文字即可见当时建筑河房对地理位置和目及风景是何等的讲究。

南京的河房以南京民居建筑风格为主。河房虽临水而建,但千万不要对其产生误解,不是所有的河房都一定与河水相通。当我第一次到安顺天龙屯堡看到当地的建筑时,我十分吃惊,天龙屯堡居然和南京河房如此相似,让人有一种置身南京古城的感觉,非常亲切。河房的主要风格是青砖小瓦马头墙,回廊挂落格扇窗,民居墙体主要是清水砖墙,徽州则是粉墙黛瓦。此外,河房建筑在细节上非常考究,每扇门窗从上到下构图形式统一,但花纹无一雷同。

明朝南京的民宅融合了独特的南北合璧的风格,建筑大多采用传统的砖石和木结构,在布局和设计上注重空间的合理利用和自然环境的融入,宅院内多有庭院和花园。宅院的主体建筑多是三进式或四进式,前有院墙,后有花园,中间有主楼,形成了独特的院落式布局。这种布局不仅增加了空间的层次感,还为居住者提供了一个私密的空间。

河房在建筑结构和装饰上也有独特之处,主楼的屋顶两侧各有一部分向上翘起增加了建筑的稳定性。同时,在檐口、门窗等部位都精心雕刻图纹,富有装饰性,给整个建筑增添了艺术气息。河房建筑尤其注重采光,有大面积的窗户,使得室内充满了自然光线,给人一种明亮宽敞的感觉。河房建筑还利用砖雕和瓷砖进行装饰,这些特点使得民宅建筑更加丰富多样,充满了艺术气息。

我们回头再看看屯堡建筑,它们有着极其浓郁的江南余韵,十足的"石上江南"味道。屯堡村寨民居沿袭了南京及江南的民居特点,在现有的地域条件下,延续着江南建筑风格,在实用性的基础上,不失审美的价值取向。

屯堡民居中的主体建筑强调中轴对称,主次分明,屋面覆盖着石板,并讲究美学的几何结构,体现了儒家思想的平稳和谐、包容宽广的审美观念。各独立建筑四周均用石头砌就高高的防火墙,有的大院还于围墙后侧处砌有高高的石碉(哨棚)。

---

[1] [明]吴应箕,金鳌:《留都见闻录 金陵待征录》,南京出版社,2009年。

屯堡石板寨

旧州建筑

雨的洗礼

　　院门为双扇大木门，门内系方形石板天井，门楼间装饰有精美的雕花额枋和垂柱，这是屯堡建筑文化精华的凝聚。同时，在垂花门、挂落、垂柱、风窗、隔扇门、隔扇窗、裙板、月梁、雀替、支摘窗、驼峰和卡子花等构件上，充分展示了雕花镂空的技艺，内容有人物、花草、鸟兽和各种象征吉祥富贵的组合图案。

　　屯堡人十分注重住房分配，既讲究实用性，又充分体现长幼尊卑的儒家纲常伦理，从而制约和维系着家庭和社会的人际关系。屯堡民房一般是由正房、厢房、围墙连成一门一户的庭院。正房一列三间，正中一间为堂屋，内壁设置神龛用于敬神祭祖，左右两间用于会客与起居。厢房分三、五、七间不等，以条石镶就墙、枋、门孔、窗孔，各内屋大门及壁窗小木枋镶拼为菱形、回字形、寿字形等各种图案。同时，在石屋基、石柱、石窗、石凳、石栏板、石卡子花、石水漏、石门、石挑和石枋等石头部件上，雕刻有各种组合图案和单个图案。

　　屯堡院落的建筑形式多带有明代移民的家乡的传统建筑样式的影子，与周围的建筑截然不同。但因为受到地形地貌、材料、工艺等方面的局限，屯堡建筑又不照搬传统建筑的所有形式，建筑墙时舍弃了一些形式，注重实用，体现了安顺人务实的精神品质。屯堡建筑是一种独立的民俗文化，是屯堡的一个重要标志。一座座屯

雨中

江南建筑群

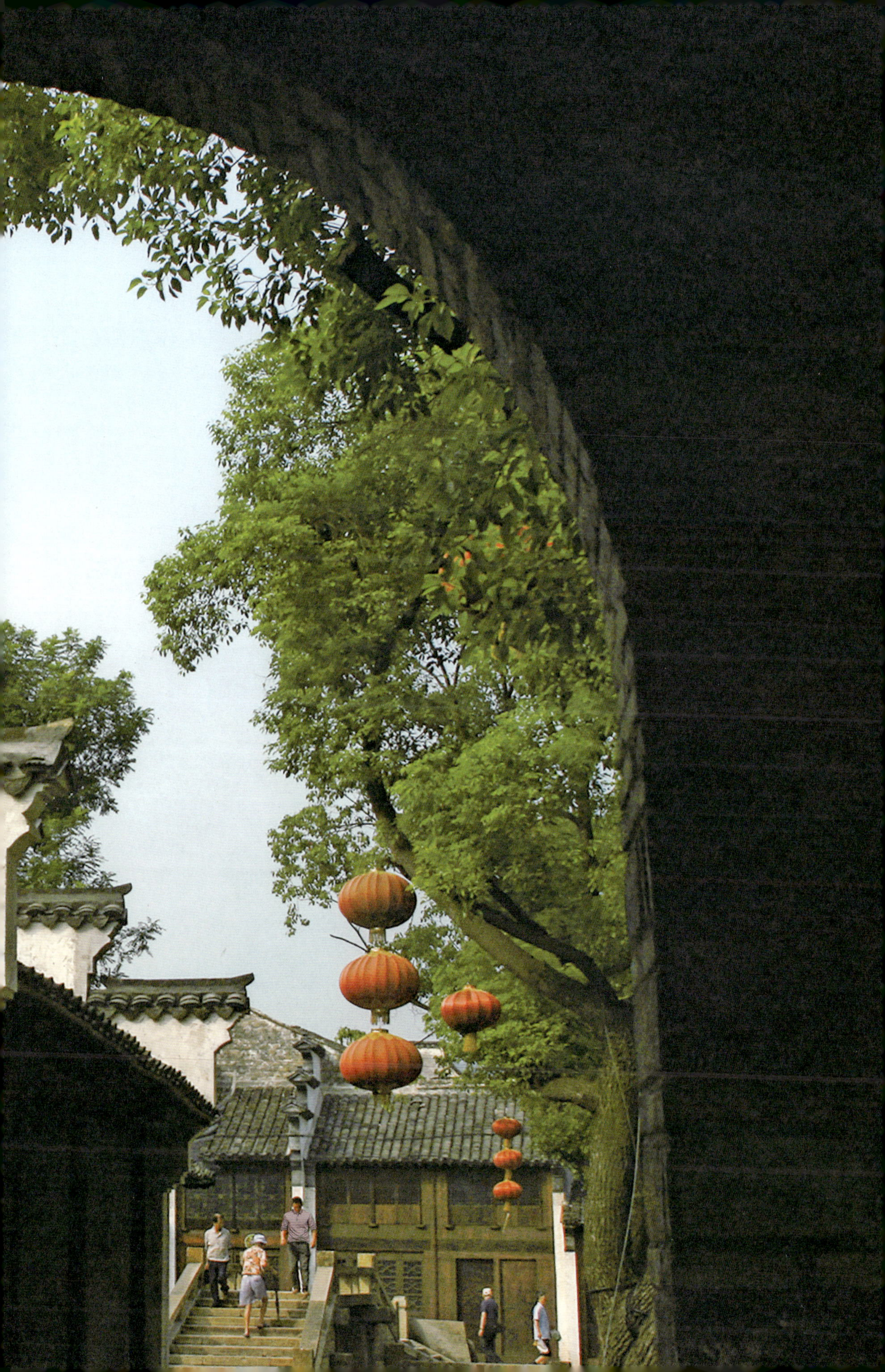

堡民居，把沉淀在建筑上的风烟刻印在人们面前，让时空传递着令人感叹的追忆与思索。

南京自古就有"石头城"的美誉，从"鬼脸城"、六朝石刻、阳山碑材，再到明代的城墙、城门、明故宫、孝陵墓和石像神道，无不彰显着金陵石文化的辉煌。六百年后，南京和安顺按"天意"来了一场"石头城对话"，在血脉中、感情里、视角上、体验间处处遥相呼应，连接着两地的乡情。

屯堡门雕

金陵落地透花门窗

屯堡古雕柱

屯堡"南京明服"的动态变化

服饰是一种文化载体，是一个民族的重要标志，各民族不同的服饰反映了本民族的审美情趣、理念追求、文化积淀等。"上承周汉，下取唐宋"的明朝服饰，是明太祖朱元璋在建国之后亲自参与服饰制度建设，并根据汉族传统，颁发《衣冠复古诏》，提出"诏复衣冠如唐制""悉复中国之旧矣"的基础上形成的。如果说汉代、唐代、宋代服饰构成了中华民族传统服饰的主要特征，那么明代服饰就是中国古代服饰文化的集大成者。

一

在朱元璋在位执政的三十一年中，他多次对服饰制度进行修订、增补，细致到从面料、样式、尺寸、颜色四个方面，对全国上下不同地位、不同身份的人的服饰都作出了规定，并以国家强制力保障了它的推行。

在明初，因为穿错衣服而触犯律法，可不是一句玩笑话。明初俗尚敦朴，明中期后，服饰日渐奢华，官方的服饰禁令形同虚设，服饰已呈现出张扬个性、追新求异的繁荣景象。在纺织技术进步的推动下，明代服饰呈现出一种雍容华贵、大气端庄的风格。

明代初期的服饰特点主要体现出等级限制的严格。明洪武十四年（1381年）律法规定，商贾之家只能用绢布制装，农家可以使用绸纱和绢布，书生多穿直裰、曳撒或戴巾，一般平民多穿短衣或青布直身的宽大长衣，头上戴四方平定巾、网巾或裹头巾。

在天龙屯堡九道坎前晒太阳的老娘娘

赏阅了大量的明代人物画后，我发现除去宫廷命妇着装形象不详，综合下来，妇女服饰主要有凤冠、衫、袄、霞帔、褙子、水田衣、比甲及裙子等。衣服的基本样式大多仿自唐宋，一般为右衽，恢复了汉族的习俗。普通妇女服装虽无"时装"之说，但潮流风气也极多变，有着自己的形制特点，上衣和裙的长短时常变化，衣式时窄时宽。

明初，大多服饰仿自唐宋，崇尚淡雅朴素。明中后期出现了前代未见的形制款式，如立领，或于一件衣服的显眼处大量使用纽扣。这样的变化使得女装修长窈窕，有着丰富的样式，成了当时的"时尚"装束。

妇女褙子有宽袖褙子和窄袖褙子两种，宽袖褙子为贵妇礼服；窄袖褙子为普通妇女的便服，日常也可加穿无领无袖的对襟马甲。还有水田衣——以各色零碎锦料拼合缝制成的服装，形似僧人所穿的袈裟，因整件服装织料色彩互相交错、形如水田而得名，其具有其他服饰无法具备的特殊纹理，简单而别致，深得妇女喜爱。

服饰是人类文化的表征，尤其在显示族群文化方面，服饰符号在文化形象的构建中起着关键的作用。黔中屯堡人在长期的历史形成和演变中，发展出了以女性服饰承载为特色的鲜明传统服饰，发挥着族群身份标识的重要功能。

二

二十世纪九十年代，我最初到贵州安顺屯堡采访时，错把屯堡女性的服装认成苗族服饰了。实际上，我们只在博物馆和文献中见过明朝的皇室和贵族服饰，从没见过真正意义上的明代普通女性的衣样。至于现代影视剧中的明代人物服饰的真实性，大多不可信，在某些镜头中，能一次性或从某一人身上同时出现秦帽、汉衣、唐裤、宋带、元节、明袍、清鞋及民国的袜子等，不具备参考价值。

我们还是回到安顺屯堡，看看手能触及到的"真货"。在整个安顺屯堡地区，有不少南京籍移民，这些大乱后遗留下来的百姓在改朝换代几百载后，至今还基本上保持祖先移民前的习俗和生活方式。屯堡女性是屯堡文化的忠实守护者，一身"凤阳汉装""南京明服"，一穿就是六百多年。

在本寨屯堡寨门前的身着不同颜色服饰的屯堡娘娘

史书中记载："妇女以银索绾髻,分三绺,长簪大环,皆凤阳妆也。"据当地人讲,屯堡妇女的服饰大体上沿袭了明时凤阳汉族妇女和应天府妇女的装束风格。她们也因这种"奇特"的打扮而被黔中当地水族、苗族、侗族、瑶族、布依族人称为"南京族""凤头笄""凤头苗"等。

今日屯堡村落中,尽管年轻的姑娘在追求时尚打扮,已失去往昔屯堡女孩特有服饰的古朴风采,但一旦结婚后,受周围环境影响,仍会恢复传统服装的样式,就连嫁到屯堡的外地姑娘,婚后也自觉地换上当地服饰,融入屯堡妇女行列之中。姑娘结婚时,要把长辫子梳成"凤阳头",挽上发髻,插上梅花管簪,包上青纱头帕,穿上一身长袍大袖,系上丝头系腰,才算出嫁。

我曾在鲍屯专门采访过制作屯堡男女定情物丝头系腰的两位师傅。丝头系腰不仅是凝聚着厚重的人文情感的装饰品,还是屯堡男女定亲时的信物。男方家必须将一条丝头系腰和"南京明服"等衣物送到女方家作为定情物。

丝头系腰拉开后长约一丈[①],中间部分是用棉线和麻线编织成板块状的硬带,两头则缀着数十根长约一尺[②]的丝线(丝头)。妇女穿束时在腰间包扎成圈打结后,一定要让身后两头的丝线整齐同长,这样行走起来左右飘动,有一种摇曳的起伏感。

屯堡妇女身着绿色、青色、蓝色、紫色、粉色、红色、黄色等不同色彩的大襟大袖长袍,当然,这里的"大袖"是相对现在而言,在明代只属小袖;系上昂贵的黑色丝头腰带,吊上长长丝绦,在袖口、衣襟处镶嵌美丽的花边,长发挽髻后套上马尾编织的网巾。这种网巾在南京叫"巴巴托",南京现在还留有"网巾市"老街,紧靠沐英王府遗址。屯堡妇女插上银质和玉石发簪,腕戴银手镯,耳吊银质玉石耳坠,脚穿尖头平底绣花布鞋,额扎白布带,再增添下方头巾和彩带黑色围裙,显得古朴、端庄又美丽。

屯堡妇女的着装最让人震惊的地方是,一结婚就"额扎白布",给丈夫"戴孝"。

---

① 1丈约3.33米,全书同。
② 1尺约0.33米,全书同。

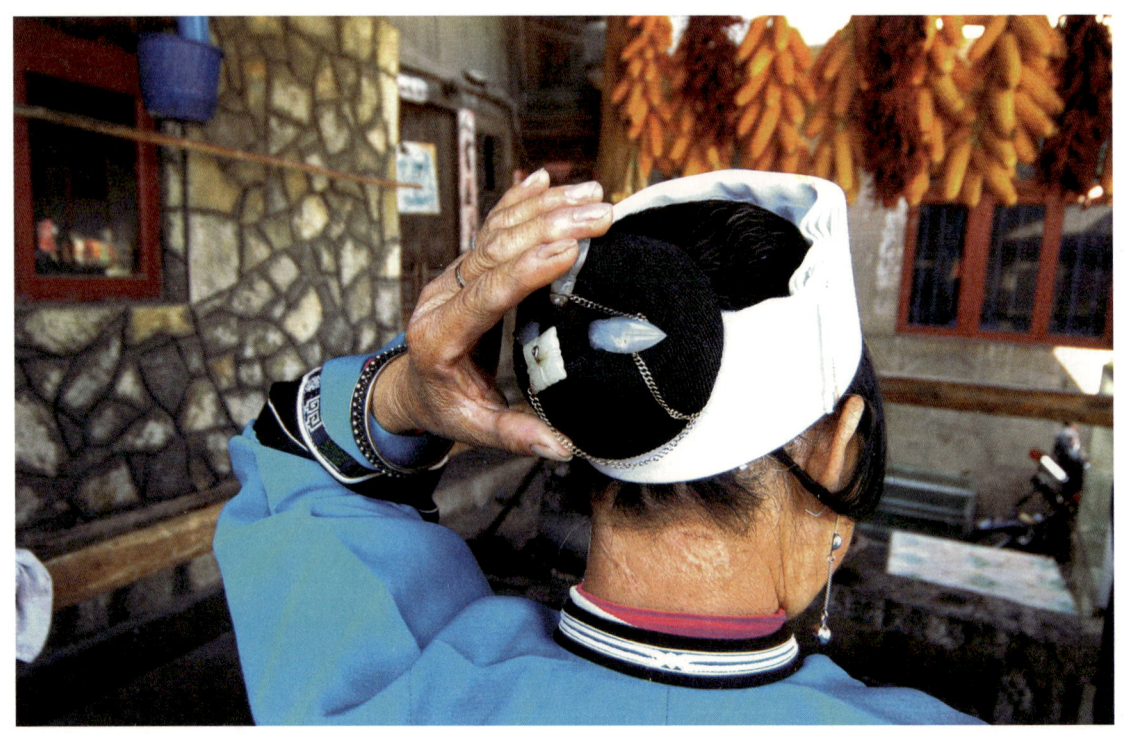

屯堡妇女发型

身着屯堡"凤阳装"的屯堡娘娘

纺织丝头腰带

绣花带

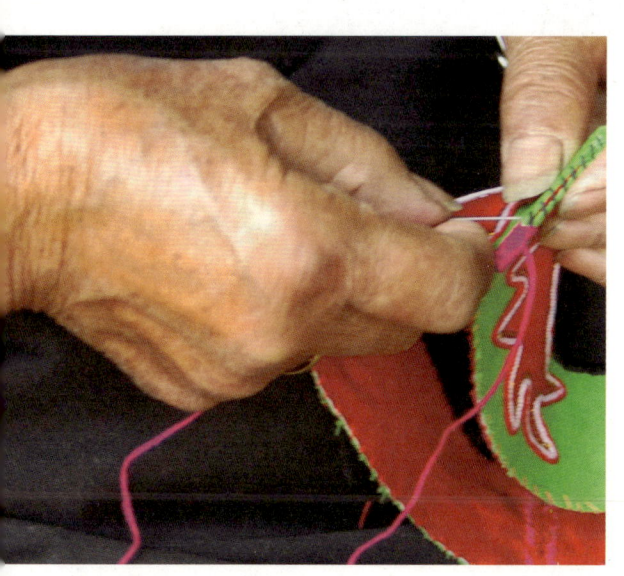

织花边

屯堡绣花鞋

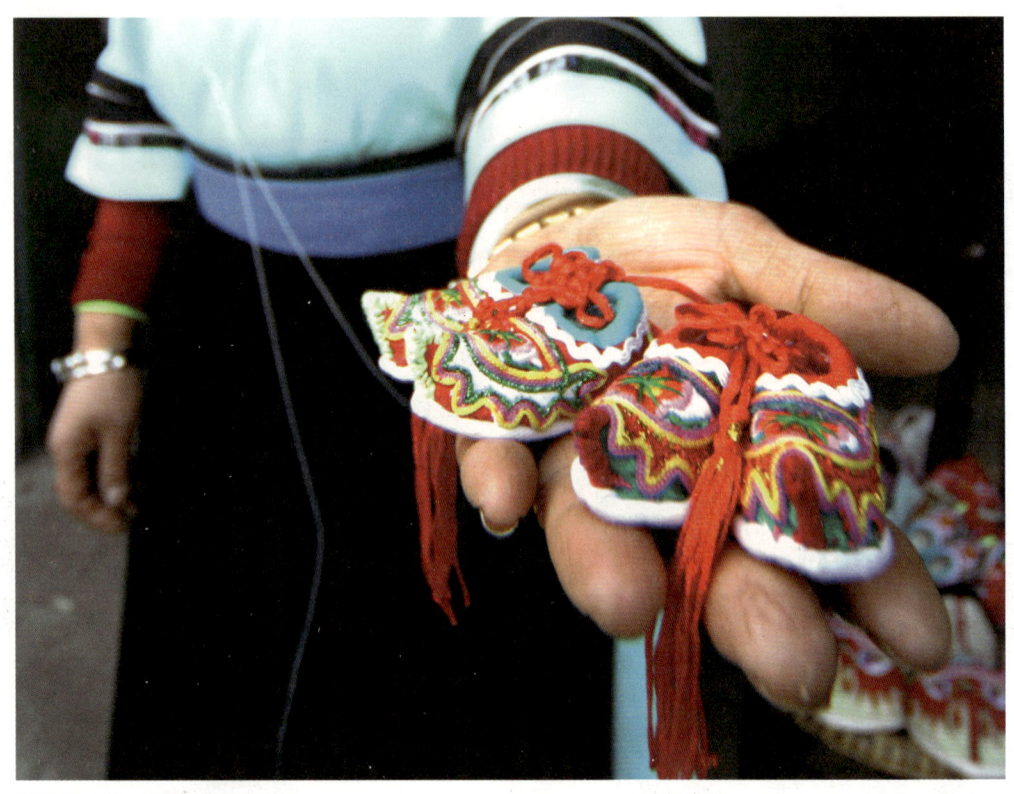

缝制完成的老虎鞋样鞋

因为古时，丈夫随时会出征，随时有阵亡的可能。从头饰来看，头发用玉簪挽在脑后，两边垂下两缕绕至耳根，周围再用白布包裹。配以绿色的及膝长袍，领口上有粉白色镶边，对襟上还绣着花和蝴蝶，黑色围腰上缀以长长的穗，耳朵上挂着长长的银耳环。这种装扮精致美观，但较为耗时，光挽头发就要耗费半小时。未出嫁的姑娘则是在脑后扎个马尾辫，其余装扮都一样。

平坝天龙屯堡有个地方叫三教寺，是屯堡妇女的聚集地，她们把自己绣好的凤头绣花鞋拿到这里来比试或售卖。凤头绣花鞋的制作对屯堡女性来说是一件大事，十来岁的姑娘要在母亲的指导下开始学做鞋帮、纳鞋底，在鞋面和鞋垫上绣花。直到出嫁，她们可做出数十双绣花鞋。

南京高淳的绣花鞋，据说是明代马皇后曾穿过的式样，和屯堡绣花鞋差不多，都是顶端和两侧对称，镶嵌着绣有花鸟虫鱼的图案，鞋尖称作"凤头"，鞋的腰筒用白布之类的布料做成。鞋底用多层布以糨糊黏合后，锥针引孔，再用手工搓成的麻线密密麻麻缝实。屯堡姑娘要在出嫁之前夜以继日地做绣花鞋，做成的绣花鞋轻巧、耐用、美观，摆在脚篮中送往婆家。花鞋的质量被人们作为评价姑娘能力的标准之一。

据当地屯堡妇女介绍，凤头绣花鞋鞋头为尖角状，有三种说法。

其一，以前面对频繁的战争，男人们要经常出征打仗，妇女就成了家中的主要劳动力，而"大脚"能为屯堡妇女从事繁重的家务劳动和农事耕作提供极大的方便。屯堡女人都效仿马皇后保留"大脚"，这可是屯堡女人引以为豪的"规范"。因此，在制作绣花鞋时将鞋头做成尖角状，在大袍之下显露出"尖尖脚"，以让"大脚"显得纤长、秀气。过去"填南"来的汉人，沿袭汉民族封建礼俗的规范，女子从小就裹"小脚"，以三寸金莲为美，尖尖小脚被称为"羊脚锤"。在畸形审美中，无数女子为裹脚的痛苦流干了眼泪。而屯堡妇女摒弃这一传统，任其自然，悠哉乐哉。

其二，要在绣花鞋的尖头里藏锋利的刀片。由于男人长期在外驻守，家中女人为防止歹人袭击，特将刀片放在鞋头，以防不测。不过现在鞋里已经不藏刀片了。

其三，因屯兵和其家属是从长江一带乘船出发，辗转至黔中的，所以把绣花鞋制成船型的式样，以示纪念迁徙之路。

三教寺里售卖的品类不少，连围腰布都是服饰品。围腰布长两尺左右，上部宽两尺，下摆成弧形。宽两尺三的围腰布，成了挡污的"屏障"，是每一位屯堡妇女必备的用品。

另外，在屯堡总能看到一些老汉人手提一根精致的、长长的竹子烟杆在街上闲逛，持杆的手指上戴着刻有"福禄寿喜"或姓氏字样的金或银戒指。他们的服饰以短对襟和长衫大襟为主，蓝色是平时所穿，白色在祭祖时穿，对襟短衣从中系扣，俗称"三个荷包"。

穿长衫时，头包青布头帕或毛线头帕，腰系青布腰带。最有趣的是，所穿的裤子的裤脚十分宽大，若把两只裤脚和裤腰扎上，可装百余斤粮食，既凉爽又实用，不过现在凡着此装者，大多是已不在下地干活的老人。他们外出赶场时，喜欢头戴麦草编织的草帽，脚穿长统布帮的钉子鞋，形同战靴，俗称"战要鞋"，既保暖又

丝头系腰

防滑，显得威武雄壮，精神抖擞。

不过，屯堡里还沿用着被称作"虎头形"的花帽和风帽，用布缝制的帽上绣着各色吉花瑞草或鱼虫鸟图案。虎头帽、小花帽、大风帽、缎子帽、绒棉帽等帽子，从屯堡人出生开始，一直到终老，相伴一生。我小时候在南京戴过这种虎头帽，但如今这种帽子已成为秦淮河夫子庙的旅游纪念品了。

三

说起来，汉族是一个善于学习他人长处的民族。以服饰为例，随着时代的变迁，汉服从胡服、满服等其他民族服饰中吸取长处而不断演变。而同属汉族的屯堡人的服饰至今依然是大袖、长袍、青丝带，保留着明代的遗风。

通过文献查证和实地考察，屯堡妇女所穿的"南京明服"服装款式，已和明代大不一样了。现在屯堡基本上用的是曲领，这是汉族服饰的传统样式，但现在的曲领与明清两代的曲领有显著差异。

屯堡妇女服装的衣衽和袖口处镶边的风格，类似于清代服装的镶边，有许多民族文化元素。明代汉人女子多穿方领和竖领式服装，衣衽和袖口等处的镶边则较为素雅，这是由于明代统治者对民间女性服饰有诸多制度上的规定，服饰镶边也随之简化。

在"填南"之前，明朝曾对平民女性衣服布料加以限制，规定服饰是浅色团衫，即便是礼服，也限用紫色粗布，并且禁止用金绣。后又规定妇女袍衫也只限用紫色、绿色和桃红色等浅淡的颜色，禁止使用蓝色、大红色、鸦青色和明黄色等浓艳的色彩。

如今屯堡的"南京明服"已色彩绚丽，大多为绿色，也有大量蓝色。老年妇女还着鸦青色，更有人穿大红色和明黄色的服饰穿梭于巷道之中，偶尔还能见到紫色和桃红色服饰。

现在屯堡"南京明服"服装后背都是平顺一体的，但明代服饰与此不同。明代服饰承袭唐宋，以宋画《清明上河图》和明代人物画为例，可明显看出人物衣服后背处都有一条线，这是后背中缝，俗称"脊梁缝"。

为什么会有这条缝,主要原因是古代衣料幅宽有限,不得不拼接裁剪。古代是手工织布,幅宽有限,直到晚清引进了纺织机器,幅宽才有所增加。所以说"脊梁缝"和裁剪风格及技法没什么关系。同时,古人认为,不论男女,分开腿像簸箕一样箕踞而坐都是不雅的,这和古代服装样式有很大关系。古代的裤装称作"袴",用现在的话讲叫"开裆裤"。尽管传说汉代时霍光就发明了保护隐私的贴身裤子,但这种贴身裤到了明代也没有完全普及,所以古代女眷一般"大门不出,二门不迈"。可见服装限制了古人很多东西。但屯堡妇女在放"大脚"的同时,也提升了服饰的便利性,以适应室外农植耕种的劳动需求。

　　在屯堡的妇女服饰中,体现清代服饰特征的元素并不多,但是衣襟衣袖和缘边的装饰则相似性较大。明代妇女衣襟多以直襟为主,不论领式如何变化,而屯堡妇女衣襟多以曲襟为主,这种曲襟的风格主要是受到了清代服饰中琵琶襟的影响。另外,先在衣襟和衣袖所饰宽泛的缘边和在衣衫的缘边处钉上一条布作衬底,再施绣,俗称"押条",该工艺也是清代刺绣风格的延续。

　　中国著名古代服饰学家、北京服装学院教授赵连赏先生认为,屯堡服饰因清代"剃发易服"法令中有"十从十不从"之"男从,女不从"一条,使得屯堡妇女原来的服饰习俗得到了保留。而屯堡男子服饰,可能是在这次法令的强制下,被迫放弃了原来明代的服饰习俗,改为清代的装饰。我们常见的男子立领、短身、对襟、扣袢衫,就是清代马褂形式的延续。

　　通过上述分析,可以看出,屯堡妇女服饰所含有的明代服饰元素要远多于清代服饰元素。虽然历经了六百年之久的时光流逝和受到来自多种环境的影响,屯堡妇女服饰依然朴实留存。

四

　　有专家认为不能一厢情愿地把黔中屯堡妇女服饰视为"遗世孑立"的孤例,指出在贵州省内与屯堡妇女类似服饰的族群,至少还有主要分布在黔西南和六盘水的苗族,以及分布在黔西北毕节一带的穿青人。这两个族群,与黔中屯堡人有着相似

屯堡女式船形绣花鞋

的着装习惯。

  苗族妇女穿着长袍、大袖、镶边，尚蓝，保持天足，与屯堡服装类似。至于穿青人，民间早就有"穿青大屯堡，屯堡小穿青"的俗语。明初从南京先后入黔的南京人，其服饰的基本特征为男女宽衣大袖，衣长过膝；妇女不挽发髻，发辫盘头，包青、蓝布帕；未婚女性留一发辫披于脑后。袖载灰蓝色花边，肩部嵌花；腰系半围裙；以青布二方缠腿，不包小脚，穿白色袜，鞋由两块布合成，尖翘若鸡嘴，双侧镶白云图案。

  上述种种，是我们下一步考现工作的重点，我们还要把视野放开，把黔中屯堡妇女的服饰、发式、发饰等，与明代江南妇女及贵州省内外具有相同或相似背景的人群的服饰、发式、发饰等相对比，从古籍文献、出土文物和现实留存出发，用"显微镜"去微观细节，用"望远镜"去宏观天下。

  华夏衣冠，变化无常，没有什么可以永不陨落，曾经的绫罗绸缎、光彩锦衣都随着时代的变迁而逐渐告别舞台。尽管这些代代流传的屯堡服饰在时间的记忆和诠释中有些差异，但总体却一直在保持着对自己明代来者的"身份定位"，这在很大程度上反映出来的恰是屯堡服饰中"南京明服"的动态变化。

  那些曾经承载在衣衫上的喜怒哀乐，抑或是家国情怀，没有消失不见，而是深藏在了隐蔽的角落。时光很有趣，它带走一切，又在夹缝中留下蛛丝马迹，让人欲罢不能地去探索。

  旧日江山，风貌殊异，故人不存。服饰、语言、建筑、服饰……这些伴随着朝代诞生的文化并没有随着朝代的覆灭而消失，它们见证了历史，又向我们展现历史。我们永远都回不到那遥远的时代，但是我们可以从历史的缝隙中窥得明代曾经的风华。

身穿黔中苗族服饰的妇女

屯堡食俗里的"南京味道"

食俗文化，可以使人不忘生存之根本。食的文化更多地体现出个体对现实的态度，相对其他文化而言，更物质、更本色。在《孟子·告子》中，告子言："食色性也。"《礼记》亦云："饮食男女，人之大欲存焉。"这是中国古人对人类生存与繁衍最为简单而又精准的表达。吃是让个体能够生存的基本活动，"人是铁饭是钢，一顿不吃饿得慌"，此语虽俗，却能反映个体生存最基本的法则。

在对安顺屯堡地区食俗的考察中，可以发现屯堡人的饮食习俗受历史和自然环境的影响，形成了内容丰富、特色突出的饮食文化，既有江淮风格，又有便于携带的特点，同时带有贵州山间坝子所衍生出的一些饮食特点。屯堡食俗与明初南京的诸多土俗民风关联密切，细究相关传说与故事背后的史实信息，或许可以找到还原明代南京城形象的重要密码。

一

屯堡的地形结构与土壤适合种植大米、糯米及其他杂粮，这对于来自江淮地区的移民来说是十分适合的，他们用江南先进的农耕技术开发黔中土地。由于移民之初还处在战争时期，因此一切食物以满足军事需求为前提。

在激烈的阵地战和游击战中，为了满足战争食品能量充足、制作快速、易藏和少动火的诸多需求，军民们通过腌制和烟熏火烤保存食物，便于存放和携带。腌制这种食物保存方式是为适应战争和迁徙的需要而产生的，一直流传到今天。

我们大概统计过屯堡人食品的种类：主食有米饭、糍粑、糕粑、苞谷粑，副食

打糯粉

有米粉、卷粉、凉粉、冻米、腊肉、香肠、血豆腐、干盐菜、干豆豉、干豇豆、糟辣子。其中比较有特色的是冻米，它是将蒸熟的糯米饭弄散晾干而成，既可爆炒米花，又可煮出甜糯米酒，具有可长期存放和便于保藏的特点。

　　屯堡人除了狂恋辣味，还偏爱糯食，将江淮老家的年糕切片油炸后变成脆香的"猫耳朵"，以应付突发战事和农忙。同时，屯堡人更喜甜食，他们做糖食果品时，习惯用糯米发酵后用麦芽做糖，而不是用蔗糖，再加工成枣子糖、窝丝糖、花生糖、葵花糖、丁丁糖等具有屯堡特色的糖品。

　　安顺以食"杂"出名，有苞谷饭、苞谷粑、苞谷花、苞谷烧、阴苞谷、黄粑、红稗粑、小米粑、高粱粑、荞粑粑、荞凉粉、荞酥、挂面、糕点、红苕干、洋芋片、洋芋荬粉、香麦面等数十个纷繁的杂粮食物。

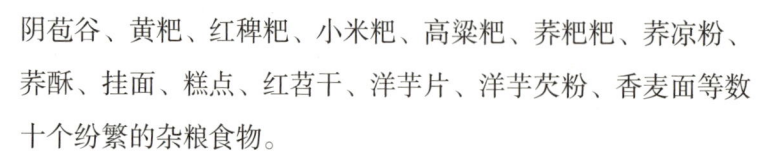

　　为了满足备战、备荒和农忙的应急需要，屯堡人利用江南干制、泡制、腌制等多种加工方法，将食材做成了干辣椒、干瓜、干豇豆、泡萝卜、泡辣椒、泡子姜、酸辣子、腌薹头、

腌大蒜、腌蒜薹、腌椿菜、烤甜酒等副食，贮藏起来以备急用。

现在走进屯堡，家家户户都用炕腊肉、血豆腐和自家烤的糯米酒招待客人。接着是辣子鸡烧豆腐，一锅鲜红的辣子鸡汤煮着雪白鲜嫩的豆腐，配上嫩绿的水煮青菜，那才是真的香。他们遵循"酒满敬人，茶满欺人"的待客之道，以"吃饱为敬"，劝饭不劝酒的习俗还让主妇练就了一手"飞饭"敬客的技巧。我特别喜欢听他们在劝客时常说的："吃、吃、吃，吃了（饭）不够煮面（条）吃。"屯堡人的食俗习惯体现了创造性的生产生活态度，还表现出了江南文雅的传统气息和黔中热情好客的朴实之风。

二

　　南京人见面特别喜欢和惯用的一句问候语就是"啊吃过了"。吃好吃饱才能生存，这就是中国百姓最好的民间问候。吃，最能体现民俗文化的地域特色。在食俗上，南京和屯堡更为相似，屯堡菜带有典型的南京传统菜风格，而且做法、口味非常相似，如鸡蛋肉卷、腌肉、腐乳黄豆、血豆腐。

　　千百年来，南京形成了特有的饮食文化。从饮食了解南京民俗、解读南京文化，更能梳理出安顺屯堡人与南京这座城之间千丝万缕的关联。

　　江南地区物产丰富，南京饮食自南朝以来南北口味皆有，呈现出杂糅与包容之品格。饮食偏甜，如糯米汤团；做菜讲究鲜，如鲜菱嫩藕；菜品烹制擅长炖、焖，以保持菜品原汁原味；过年常食的"十样菜"，是菜蔬的集合；甜品"洪福齐天"，

南京腌制咸鸡

配上红枣、莲子、野菱等,五味俱全。金陵菜有"金陵鸭馔甲天下"的美誉,南京至今还流传着一句老话:没有一只鸭子能活着逃出南京。

明初,从南京移至安顺屯堡的人们当年也许在京师饭店里吃过棒子骨、大银锭油酥、马肉饭、双下馒头、椒醋肉、羊背皮,蹲在南京街头吃过满殿香面、天香饼、粉汤、油条、馓子、芝麻烧饼、辣盐瓜子、盐水花生、臭豆腐干、董糖、凉粉、茶糕、梅花糕等,还有特色的五香茶叶蛋、五香豆、蟹壳黄烧饼、开洋干丝、鸭油酥烧饼、麻油干丝、什锦菜包、鸡丝面、葱油饼、豆腐脑、牛肉锅贴、牛肉汤、薄皮包饺、红汤爆鱼面、五色小糕、桂花夹心小元宵等食物。这些饮食,充分体现了南京的地域特色,也因之形成独特的南京食俗文化。

南京人还喜食豆腐,讨个吃了"都富"的吉利。南京的明皇宫菜中有一道"玛珀白玉",就是以豆腐为原料做出的美味。各得其所,这是食文化的魅力所在。

再说果蔬,南京值得一提的水果是西瓜。虽然西瓜传入中国的时间说法不一,不过明代时西瓜已成为相当大众的水果,全国各地广为种植。各地所产蔬菜均有一些地方美味,就南京而言,明代曾有"板桥萝卜善桥葱",春初的水芹,夏半的蕹菜,秋中的茭白,初冬的白菜之说。南京也有家家腌制雪里蕻、大白菜的习俗。

我曾经在贵州省毕节市大方县考现沈万三在洪武九年(1376年)到十六年(1383年)间的活动时,看到县城四处在卖红烧猪脚。有食客说,这是一位南京贵人带过来的。我想,这个"贵人"或许就是沈万三吧,这"红烧猪脚"也许就是沈万三"万三家宴"中的"万三蹄"。

当南京的明初食俗进入安顺屯堡后,因受地方食材的限制,在制作中不得不借用相似的材料来代替,慢慢地偏离了原有的口味。同时,南京移民根据屯堡的地形、气候、土壤条件,自种了一些食材,并逐步形成了屯堡现在的特色食俗。所以,如今南京人到安顺屯堡就是吃个"念想"。

三

年，年年过。屯堡人家过年，除夕贴春联，守岁到天明，初五敬财神……我在天龙屯堡过了五次新年，目睹了屯堡人隆冬腊月天不亮就赶着去镇上购买年货，腊月十五起杀年猪、做腊肉、蒸糯米、打糍粑……大年三十家家户户先打扬尘、熬糨糊，敬完灶神就把大红灯笼高高挂起，吉祥的门神、春联映红整个老巷，一派喜庆景象。面对这一切，我感觉太熟悉了，这和南京过年的习俗非常相似。

记得2006年的春节，我和同事受邀来到天龙屯堡的陈云先生家过大年，陈家老太太还给了我们大红包。屯堡年夜饭非常有特色，其中最有名的就是"八大碗"。八大碗第一碗"腊肉血豆腐"，同南京"肥肠鸭血豆腐"一样，要"都富"（豆腐）起来；第二碗"盐菜肉"，如同南京的"梅干菜扣肉"，肥而不腻；第三碗"糟辣肉"，全名叫做糟辣椒炒肉片，又名"饭扫光"，同属南京"随便"系列，青椒、毛豆米、豆芽、豆干丝炒肉，又名"快加饭"；第四碗"韭黄炒油炸豆腐丝"，这道菜里暗藏了屯堡人的数字文化，和南京的"韭黄炸春卷"相似，逢年过节必有此菜；第五碗"鹅脖蒋"，这是屯堡人为这道菜量身定做的外号，真实名字叫"清蒸蛋卷"，这和南京的"蛋卷"是一样的；第六碗"马烧腊"，虽说是一道含有地方特色的军旅食物，但还是和南京六朝时就有的"板鸭""东山老鹅""盐水鸭""烤鸭""叉烧"异曲同工；第七碗"腊肉炒蒜薹"，同南京的"蒜苗炒肉"，是一道家常菜品；第八碗"盅子汤"，"盅"是屯堡一种装汤的器皿，汤里有油炸豆腐果、粉丝、白菜、肥肉片、西红柿、葱姜，这在屯堡寓意"大团圆"，这与南京的"杂烩砂锅"类似，除了屯堡有的油炸豆腐果、粉丝、白菜、肥肉片、西红柿、葱姜之外，南京还放豆芽、土豆、藕片、山药、鸡蛋丝、海带、萝卜、白菜、青菜、香菜、花菜、包菜、木耳、笋干、年糕片、面筋、五花肉、鱼片、虾米等二十多样菜一锅煮，号称"集中营"和"大集体"，其做法与火锅有相似之处。

这一桌"明代南京年夜饭"的八道菜，让南京人和安顺屯堡人吃了六百多年。尽管时代一变再变，年味一淡再淡，但这一顿丰盛而温馨的年夜饭，以及年夜饭所承载的历史，老乡们团团圆圆欢聚在一起时心头泛起的幸福感和安宁感，都未变。年，相比一个城镇的兴衰流转显得短暂，但对一个人来说，却足以酿出浓厚的乡情。

苏州周庄"万三蹄"

屯堡"万三蹄"（红烧猪蹄）

田野民俗考现·黔中安顺屯堡明代民俗遗存

屯堡家宴

第二章

南京方言，安顺屯堡里的"官话"

明朝建都南京，让江南文化一下在全国流行开来。凤阳土语和南京方言融合，形成了明洪武年间的官话，也在全国流行开来。

一

官话，宋元以来泛指通行较广的北方话，因在官场中被广泛使用，故称。明朝建都南京后，政治中心在南方，虽沿袭了宋元两朝的北方官话，以江淮地区"中原之音"尤其以南京音为基础，南京官话通行于整个明朝。比如"泪"字在当时的发音跟今天的以南京话为代表的江淮官话发音一样。

对于外地人而言，真正地道的南京话是很难懂的，比如南京话"大气"叫"太气"。其实，地道的北京话也难懂，"说悄悄话"叫"蒙的米"，所以，不能简单地说某地语音即为普通话。各时期的官话总体上是以北方方言为基础，且不同时代政治中心的方言会对其产生影响。

二

南京话，又称南京官话，特指曾作为中国官方语言的以南京语音为标准音的国家通用语言，其历史可追溯到东晋的金陵雅言。在隋、宋、元、明时期，南京官话都曾以古中原雅言的地位被确立为中国汉语标准音的主要依据，深远地影响着直至

作者在屯堡用南京话采访当地居民

今天的中国语言形态。

南京地区在六朝之前通行吴音或庶音。北方士族曾在南迁时将洛阳雅言带到南京，与本地语音融合后形成了金陵雅音，成了中古汉语音系的代表音之一。清代中叶之前南京官话曾被确立为国家官话标准语的基础音，即使明永乐年间迁都北京后，明朝始终以南京官话作为国家官话标准语的基础音，就连明清时期来华的西方传教士，都以"南京腔为各腔主脑"。

方言研究与音韵学、训诂学等学术研究具有不可分割的联系，因此，方言对于中华语言研究的重要性是不言而喻的。南京话，不仅仅是一种古老的语言，它还包含着浓厚的地域文化底蕴。长久以来，南京话以其清雅流畅、抑扬顿挫的特点以及独特的地位而备受推崇，其影响远及日本、朝鲜等国。

南京话的显著特征：第一是发音，南京话保留了较多儿化音，如将"碗"念作"碗儿"，"筷子"念作"筷儿"，"小碟子"念作"小碟儿"。南京话里的"n、l""sh、s""ch、c""zh、z""ang、an""eng、en"等音都是不分的，如"南京"在南京话里的读法是"lán jīng"。第二是声调，南京话有五个声调，除了阴平、阳平、上声、去声，还保留了古汉语语音中的入声。

南京话称呼语和普通话称呼语有着很多不同的地方，比如"奶奶"，南京话中念"lài"，口型比标准的"ai"更扁一些；"伯伯"，念为"bai bai"，两字连读，前面略长，后面短，收尾有力；"哥哥"，念为"guó guó"，后一个略短。再比如，经典的问候语"吃了吗"用南京话念"阿吃过啦"。

南京话中还有许多"地产成语"：不上路子（做事情不懂人情世故）、海里胡天（没谱，不着边际地吹牛）、五二歹鬼（说话做事没规矩）、老三老四（骄傲，目中无人）、拉里拉呱（形容不讲卫生，邋遢）、木里十估（莽撞，不识好歹）、邪头八角（不讲道理，喜欢捣乱）、黑漆嘛唔（很黑，尤其形容天黑）、阿要辣油（还要辣油）、多大事啊（小意思，小问题）、乖乖隆地咚（表示惊叹某人或某事厉害），等等。

"欢（huàn）迎（yín）来（lái）到（dào）南（lán）京（jīng）大（dà）学（xíu）！"南京话就是这样，历史孕育了它的博大精深，日常生活赋予了它通俗易懂，大气而不失精致，古朴而与时俱进，恰如南京这座城市，总是展开胸怀，向人们展示着它深邃的过去，也迎接新鲜的血液，共同创造更好的未来。

2005年，南京石灰巷居民迎接屯堡后裔寻根人

现代的南京话主要通行于南京市主城六区、浦口区、六合区、江宁区、溧水区北部,句容市全境,仪征市西乡,滁州市区、来安县、全椒县,以及紧邻南京的安徽省马鞍山市大部分和芜湖市小部分。

语言是文化社会发展的反映,俗话说"老乡见老乡,两眼泪汪汪",方言是文化心理认同的重要符号,对于地域文化发展和情感融合具有积极意义。但是,随着普通话的普及,经济的繁荣以及各区域文化的互相渗透,越来越多的南京人不再使用南京方言了,甚至完全不会南京方言,这对于文化保护来说是非常不利的。

屯堡妇女在南京老门东给南京老乡敬茶

三

笔者是一个在南京生活了六十多年的老人，能说一口流利的老南京话，了解南京及周边地区的习俗，并熟知南京各地区的方言、俗语、歇后语和民谣、童谣及民间传说，加上多年来，在江苏省广播电视总台用南京话主持过多档节目，因此，能在屯堡语言文化的考现调查中得心应手。

从 2000 年起，笔者开始寻找明朝时戍边西南的南京移民后裔，凭的就是乡音和祖谱。在贵州安顺平坝的屯堡里，仍然有人能用南京口音交流，这牢牢地维系着两地的乡情。

笔者接触过不少当时已是七十岁以上的屯堡年长者，他们主要的交流语言以及语言记忆仍然具有南京一带的地域特色，而且能极其熟练地应用许多南京土语，他们说这就是"南京官话"。二十三年过去了，这些老人中年纪最轻的也该有九十多岁了，他们曾经的口述，对我们了解南京话在安顺屯堡的流传与影响有极大帮助。

以卷舌音为例，屯堡人发卷舌音，如"男娃儿""女娃儿""娘娘""巷（hàng）子""我家（gā）你家（gā）""吃了我家的茶，怎么还不给我家作媳妇"等和南京话发音一模一样。

以童谣为例，"城门城门几丈高？三十六丈高（标准为三点六丈高）！上的什么锁？金刚大铁锁！城门城门开不开？城门城门几丈高？三十六丈高！骑大马带把刀，到你家门前操一操，问你吃橘子吃香蕉？"这是至今流传在安顺屯堡的现已在南京消逝的老童谣。乡音是民俗文化的重要载体和民族团结的重要纽带，一句乡音拾回了多少家乡的回忆。

屯堡还有一些老童谣，用贵州话来念很别扭，但用老南京话来念则十分上口，而且理解意思时也很顺畅。当笔者饱含热情地用老南京话念完"顶着顶锅，淘米下锅，一把抓住那一个，咳咳！淘米了，煮饭了，一把抓住老太了"这首南京至今还在流传的童谣时，屯堡的老人们都感到十分震惊，说这才是正宗老辈们说话的那个"味道"，那个乡音！

十几年来，在南京师范大学文学院汉语言文字学老师们的帮助下，笔者对屯堡语言进行了逐一梳理和对比，发现南京口语用词在屯堡里还遗存不少，如"来（lái）

势（si）""茅（máo）厮（sī）""脚（guō）趾（zǐ）麻（mā）头（tóu）""砍头挨千刀的""外来（出来）""啊是啊""没（me）得哎""脏屎巴弹的""八竿子打不到""厌蛋""碟（diér）、盘（pánr）、筷（kuàir）、碗（wánr）""六（lù）六（lù）大顺""吃（qī）死人不吐骨头""脚巴丫子""老巷（hàng）子""昨（cuó）个（ge）、今（jīn）个（ge）、明（míng）个（ge）、后（hòu）个（ge）""倒虚倒虚的（虚倒倒的）""小炮子子""骨（gǔ）苏（sū）""布鞋（hái）（孩）""讨喜""舌（shi）达子""邪（hái）头八脚（guo）""人五人六""毛刀刀""韶（sháo）个不停""小巴戏""使坏""犯嫌""二五郎当""木里是孤"等，共五十多个。

屯堡妇女在南京老门东用屯堡话和南京老乡对话交流

江南地区的移民到达安顺屯堡以后，两地民俗文化交汇，慢慢形成了新的屯堡语言，原有的语音和含义发生了一定变化，有的有其音而无其意，有的有其意而无其词了。尽管音义都在变化，但其中还是有不少南京话的影子。

比如，"铲舌条"（讲别人的坏话），南京话叫"烂舌头"；"抠搜包"（吝啬鬼），南京话叫"小儿科""抠门""小气鬼""啬皮勾"；"知儿马虎"（不认真），南京话叫"二胡""半吊子"；"抽台"（支持），南京话叫"撑面子"；"马不到"（不知道），南京话叫"不晓得""鬼知道"；"麻倒"（受骗），南京话叫"倒血霉"；"有晓头"（有利可图），南京话叫"有嫌头"；"遭灾"（上当），南京话叫"遭罪"；"大而化之"（做事不严肃），南京话叫"不靠谱"；"撇脱"（容易），南京话叫"小菜一碟"；"操绝"（破口大骂），南京话叫"开骂"；"惊喳"（大惊小怪），南京话叫"一惊一乍""喳喳呼呼"；"牙口"（牲畜买卖的中介人），南京话叫"媒子"；"碎米饭碎嚼不烂"（唠唠叨叨），南京话叫"韶死了"。这些老南京官话现在安顺屯堡或保留或流变，我们在考现中做过一句对一句、一音对一音的意义核实，其中有的已发不出原音了，只能用其他词或字来代替其意。不过，遗憾的是现在无论在南京还是安顺，恐怕年轻人已不再会说这些"老话"了，甚至都听不懂了。

屯堡方言里遗存的南京话中的俗语和歇后语也很多。在《屯堡文化研究2010卷》中，安顺实验学校王贤华老师撰写的《屯堡方言里遗存的＜红楼梦＞俗语》一文，阐述了《红楼梦》里的一些南京俗语还在如今屯堡人口中熟练地运用着。

《红楼梦》中几大家庭的原籍在金陵，即今天的南京，作者曹雪芹也生于南京。《红楼梦》以俗语的生动应用而通俗易懂，全书引用俗语约一百五十条，其中有一百二十条以上竟然与安顺屯堡的俗语相同。在此不展开了，只是个别的俗语在屯堡及安顺城中稍有变化。例如："上不得台盘"，演变为"狗肉包子上不得台盘"；"无可无不可"，演变为"有也可无也可"；"羊群里跑出个骆驼来"，演变为"牛圈里伸出马脑壳来"；"哪个耗子不偷油"，演变为"哪个猫儿不吃腥，哪个耗子不偷油"；"偷来的锣鼓打不得"，演变为"教的歌儿唱不得，偷来的锣鼓打不得"；"着三不着两"，演变为"倒二不着三"，简称"倒二"。

王贤华老师认为，当年众多的屯军堡子在语言交流中是以江淮语音为主的，融合和演变为如今的屯堡腔。而且在语言内容的交流中，尤其在俗语的应用中依然是以江淮地方流行的俗语为主，否则百条《红楼梦》中应用的俗语也不会原汁原味地流行于屯堡村寨乃至安顺的市井之中。

曹雪芹先生的《红楼梦》有南京文化背景，所用的俗语大部分为清代南京话，和现屯堡流传的俗语相同。这就证明了两点：第一，屯堡人有一部分可能来自南京，在语言上受南京官话的影响。第二，说明了自明朝起到清朝年间，直至现代，南京官话的音和义得以大量保留。

四

普通话作为全国范围内的通用语言，当然有其不可撼动的主体地位，但方言亦有其不可替代的作用。归根结底，作为一种文化现象，语言的发展应该是兼容并包的，普通话和方言应该各美其美，包容发展。

保护方言并不是语言封闭，方言和普通话都讲得好的才是真厉害。讲方言，保护方言，也是在保留我们对家乡的记忆，往大了说，由方言衍生的非物质文化遗产也是需要保护和传承的。还有与方言紧密相关的戏曲、民俗活动等，以南京为例，有南京白局、南京评话（讲评词、说书、南京评词）、南京白话（南京相声）、跳五猖、昆曲、高淳阳腔目连戏、洪山戏等，这些依托当地方言的活动都是地方文化重要的组成部分。

如今，具有地域特色的方言，在影视等文艺作品中的作用也开始显现。令人欣慰的是，现在人们保护方言的意识觉醒，广播和电视里用方言主持的节目也非常有亲切感。如江苏广电的"百姓聊斋"和南京电视台用南京话主持的"老吴韶韶"等节目适度应用方言，有效提高了文艺作品的趣味性和观赏性，对于促进文化大发展大繁荣亦与有功焉。

再者，如果只有普通话，所有的城市都是同样的腔调，虽然方便了不同地区的交流，但也会使偌大的中国千城一面，没有特色，没有自己独特的文化了。

也许方言会随着时间迁移而日渐流变，但笔者有生之年能做的，就是尽己所能，把方言传给下一代，在我的家庭里建立温馨的语言氛围，让我的家人知道，没有方言就没有家乡，忘了家乡的人是忘本的。

方言，不仅是语言，它是中国地域文化的载体之一，是文明的土壤。文化的多样性以及它们之间的互动，是文明长盛不衰的内在机制。方言背后，蕴含着这种文化多样性的精髓。保护方言，就是保护文化，更是捍卫文明。

承袭中的"红白喜事"

婚姻，可以让人感受到新生活的希望。婚姻一直是家族家庭繁衍与传承的重要活动，承载着文化的色彩，对未来的美好想象与期待都会通过婚俗文化反映在婚姻礼仪活动中。传统意义上的婚姻，是保证家族血缘得以延续的必要过程，在宗法思想支配下，过去的婚姻很讲究"门当户对"。明代，宗族制度处于成熟发展的阶段，南方诸省尤为如此，宗法思想体现在婚姻观念上，就是非常注重婚姻对家庭血脉的传承作用。

老南京的婚俗，多沿袭明代习俗"老规矩"。明初在南京，按《大明会典》载："洪武三年（1370年）定，品官婚娶，凡为子聘妇，先遣媒氏通书，次遣使行六礼。"[1] 婚姻礼数原为"六"，洪武五年（1372年）曾以"奢侈"为由缩减为"四"。其主要原因是："近代以来，专论聘财习染奢侈，宜令中书省集议定制颁行遵守。务在崇尚节俭，以厚风俗。违者论罪如律。"至于普通百姓，只需要"纳采""纳征""请期""亲迎"必不可少的四礼即可。

在都城南京，一般人家想婚姻之大成，先得议婚，要"板门对板门，笆门对笆门"，生辰不合不行，相冲相克不行。合完八字，接着就是"传红"，即"下定"，白银一锭，金如意一柄，意为"一定如意"。还要送茶礼，这是江南地区较为流行的婚俗之一。

之所以在诸多嫁娶环节中都不可少"茶"，是因为茶树不可移植和不宜移植，"茶"便被赋予"从一而终"的道德观念和"幸福终老"的美好祝愿。这种以茶为礼的风俗，南京在清末民初仍旧能够保持相对较高的传承度。

一场婚礼的完成，就是一个新生家庭的开始。普通家庭的婚姻仪式，虽然不免

---

[1] [明]李东阳等撰：《大明会典》，江苏广陵古籍刻印社，1989年。

落俗，但无处不体现着普通百姓对美好生活的向往。自明代以来，南京地区的婚俗仪式总体上是传袭宋元旧俗。以嫁娶而言，送了定礼，就要"看日子"，然后"行礼"。吉日前一天，女家要将嫁妆送至男方家，谓之"铺嫁妆"，除了首饰珠宝、生活用品外，南京人还会送"子孙桶"，这是典型江南风俗。马桶、脚盆、水桶，此三宝统称"子孙桶"，是江南民间嫁妆中最基本的必备之物。南京民间哭嫁的民谣，即"一进婆家村，遍地出黄金；一进婆家门，脚踏聚宝盆"，因为民间讲究"越哭越发"，所以新娘出嫁时哭得越伤心，对娘家和婆家越有利。

  我一直十分敬重屯堡女性、惠安女性，历史上，她们在婚姻生活中承受着难以想象的重载，各自应对着丈夫的出征、出海后生活中的种种困境与苦难，她们是中国妇女群体中最有担当的伟大女性群体之一。

子孙桶

喜房

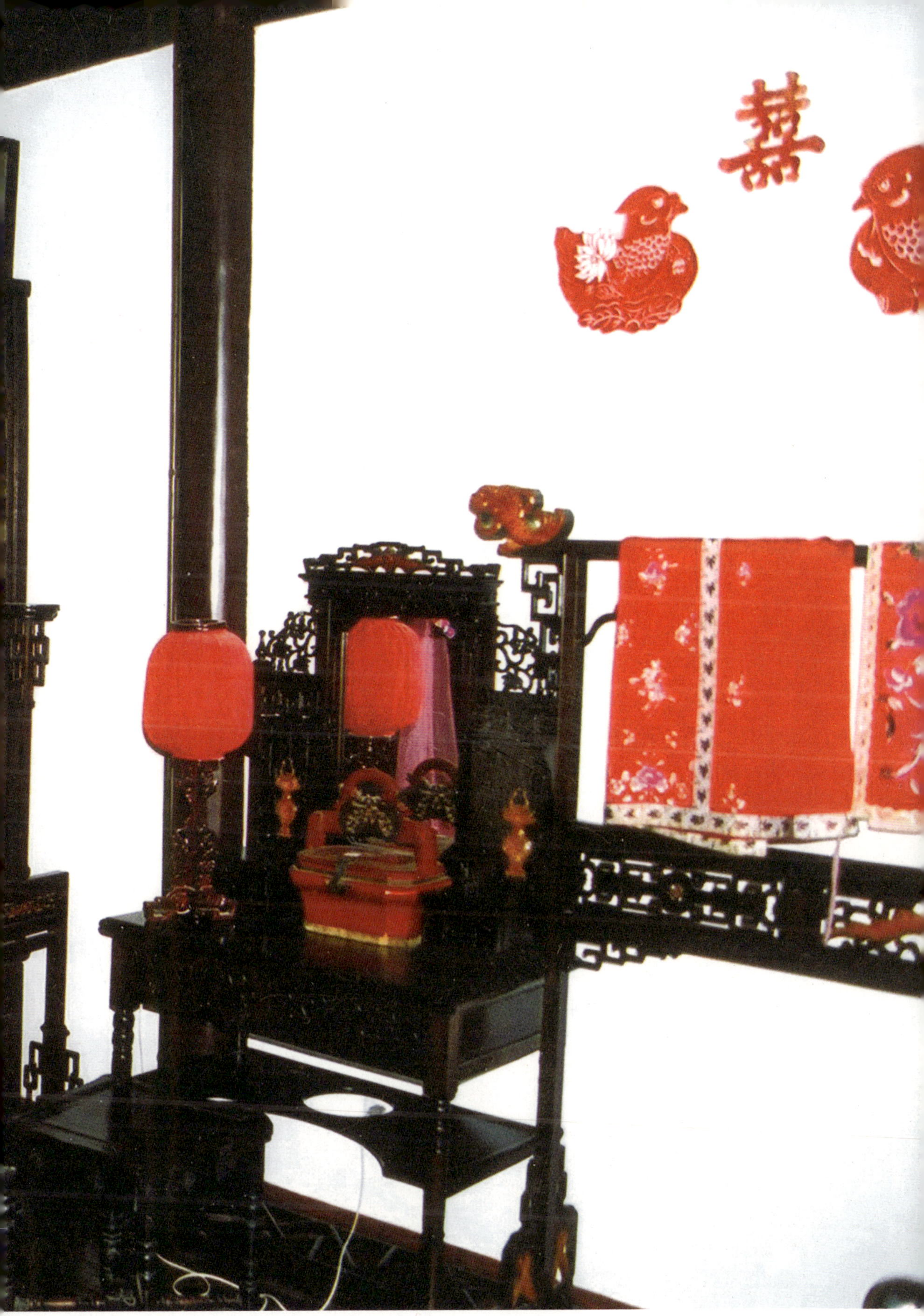
囍

经常有朋友问，屯堡人的"红白喜事"是怎样操办的。我曾在2006年率摄制组进入安顺屯堡地区拍摄"屯堡娘娘的婚事"专题片，集中采访了当时七十岁以上娘娘们的婚姻缔结方式。她们自述或指腹为婚，或两小无猜，或父母做主，或媒人介绍，或两家换亲，或山歌定情，或自由恋爱，等等。这些方式虽五花八门，但十分有趣并耐人回味。婚姻生活不如意的，则听来让人心头酸楚。

屯堡人出生时的"做大客"，结婚时的"喜堂念佛"和去世后的"成神仪式"，是人生中的三件大事。清杨静亭《都门杂咏·时尚门·知单》："居家不易是长安，俭约持躬稍自宽；最怕人情红白事，知单一到便为难。"这里的"红白事"即民间的"红白喜事"，男女结婚是喜事，高寿的人无疾而终的丧事叫喜丧，统称"红白喜事"。

来自江南的屯堡人，随着一道指令来到同一个地方，大家的命运全"捆"在了一起。移民前也许婚俗各不相同，但在相同的处境和相似的心态影响下，他们选择与眼前"门当户对"的家庭联姻，这就应了南京的一句老话"不是一家人，不进一家门"。

有了这种婚姻观念，他们很少与当地人通婚。他们择偶的单一性，直接形成了"屯堡对屯堡"的家族式婚姻圈。一时间，姑表、舅表、姨表等相互攀亲非常普遍，最终，居住在屯堡的人或多或少都带有亲戚关系。

章庄《金氏家谱》有载，金氏和梁氏"先人世为婚姻，自江南同时来黔，亦世代姻娅……数百年来两姓婚姻相继，尊卑不紊，有相好而无相尤"。就是这种"亲对亲、戚对戚"的婚姻，以世家通婚的姻亲关系，形成了一张互助互动的人际网络，把固有的信仰、民俗、习性等文化传承了下来。当然，我们现在看来这是不科学的，更是不可取的，但屯堡这种婚姻形式需放在特定的历史背景下理性看待。

在相对稳定和封闭的环境中，屯堡人在缔结婚姻的过程中更注重传统仪式，承袭着明媒正娶的复杂程式：提亲、报日子、送日单、举行婚礼等。

首先是提亲。屯堡人从男方家带着"提口信""欢喜提篮"六大件去女方家提亲，到女方家取得撮米豆"回提篮"的"豆头"（对头）同意，再回到男方家选择吉日进行完婚"劝亲"，这些仪式在南京叫"劝二道""说三道"。

其次是报日子。男方把两人生辰八字和完婚时间写在小红纸上送给女方家，女方家如同意，就把内容重抄一遍给男方家，就算共同确定了婚期。

旧州汪寨村中正在烤火议嫁的娘娘们

再次是送日单。相当于发请帖、送红包,这里面流程很多,一般根据双方家庭具体情况来定,多由挑脚篮、皮盘、鸾书帖、回脚篮、满家鞋等组成。

最后是举行婚礼。结婚前一天,男方家要请"暖房酒",女方要按"日单"上的时辰"上头",绞面、梳头、打扮,还必须将男方送来的红头绳系在女方头上的发夹上,"上头"才告成。第二天凌晨上轿时新娘要"哭嫁",新娘及父母都要哭,然后由新娘的兄弟背新娘上轿,在这个过程中新娘要穿红鞋,脚不能落地。

婚礼过程中的过马鞍、换布鞋、拜天地、扶亲、闹新房,还有吃花生、喝糖水、发喜糖、送枣子,这些事一件也不能少。谢媒时必须送一双新鞋,感谢媒人为婚事"来回跑断了脚,磨坏了鞋"。第三天新娘要携新郎"回门",返回娘家,这是婚礼习俗的一部分,同样不可省略。

笔者在天龙屯堡参加过几次婚礼,其大致形式与流程和现在南京的六合、江宁农村婚俗习惯几乎一模一样,只是多了一道具有屯堡特色的"婚礼对山歌"仪式。当下,南京的婚礼仪式基本是西式的了,偶尔碰到一对新人举行中式婚礼,也没有了老南京的传统味。由此,想看南京明代时期的传统婚礼仪式,还得来安顺屯堡。

下面简单说说屯堡丧葬,由于屯堡人有移民背景,大部分屯首就是始祖,他们远离家乡,身处异地,死后尸骨也回不到祖籍所在地。因此,魂灵回故土是他们最大的期望与慰藉,他们特别在意人生最后的丧葬礼仪。

屯堡人对神灵和祖先的崇拜意识特别浓烈,他们认为人死以后灵魂是存在的,在家庭发生大小变故时,他们会求神灵,也会求祖先。因此在办丧事时,哪怕多花费时间和精力,也要办得隆重认真,既告慰死者在天之灵,又求得生者心理的安宁。

乡土情结是由多种元素组成的,而且是环环相扣,相辅相成的,如乡居、乡井、乡谊、乡曲、乡音、乡谈、乡思、乡曲、乡戏、乡愁。在屯堡众多的民俗事象中,人是所有文化成立的第一要素,只有敬祖、尊老、爱幼,才能从根本上发扬光大传统文化,"承前祖德勤和俭,启后子孙读与耕"。

我对"五百年后看,云贵胜江南"这句话感触颇多。"云贵胜江南",胜的不是大城市现代化,而是胜在原汁原味的江南民俗文化之上,过去的"小桥、流水、人家"式的江南文化,现已衍生出安顺"石上江南"的屯堡文化,并得到了很好的传承与保护。

对山歌

屯堡地戏与南京跳五猖

贵州安顺的古屯堡人尚武，至今还流传着的地戏，便是出征的祭典，用以振奋军威，威慑敌人。地戏一般由八个壮汉面披黑纱，脸戴面具，身穿长衫，腰缠锦花战袍，背插红战旗，随锣鼓的节奏，演绎开来。一招一式，一腔一调，一刀一剑，一拳一脚，表现出当年军人的英武身姿。

在南京桠溪民间也流传着一种古代遗留的祭仪跳五猖，它具有在楚文化的基础上附载傩戏驱邪纳祥的性质。"五猖"表演人数十五，道具华盖、面具、服饰都以红、蓝、黄、黑、白五色相配，其意分别代表东、南、西、北、中五方天帝，又暗合木、火、金、水、土五行之色。据考现，屯堡地戏与桠溪跳五猖都有傩戏背景。

一

先从南京桠溪跳五猖说起。秦淮河对于南京人而言，犹如黄河对于中国人，她养育滋润了南京人，被称为南京的母亲河，由此形成了颇具特色的秦淮文化。秦淮文化南北交汇、兼容并蓄、开放包容，可谓独树一帜，极大地影响了南京及周边地区。

南京高淳桠溪民间的跳五猖，具有驱灾纳祥的性质。史料记载，跳五猖又称"五猖会""跳菩萨"，这一仪式是南京高淳胥河两岸古代村民为表达对西汉张渤（民间称"祠山大帝"）开凿长兴荆溪河，引流至广德的功绩的崇敬与缅怀而设的。这一古代遗留的祭仪，将中国古代阴阳五行学说形象地运用在天人合一的思想理念上，带有浓厚的神秘色彩，是多元思想的表达，充分体现了这一祭仪创立者的宇宙观，是中华民族古代民间信仰仪式中弥足珍贵的重要遗留。

南京跳五猖

跳五猖的来历有多种说法，其中一种经过地缘考证后，较为可信。据南京高淳桠溪民间传说，"五猖"是天帝派下来保护祠山大帝的，因此当地对五猖神的信仰较普遍，当地人习惯称五猖为"五猖菩萨"。"五猖"即东、西、南、北、中（青、赤、白、黑、黄）五方之神，降妖除魔，保五方平安。

　　《淮南子·天文训》记载："东方木也，其帝太皞，其佐句芒，执规而治春……南方火也，其帝炎也，其佐朱明（祝融），执衡而治夏……中央土也，其帝黄帝，其佐后土，执绳而制四方……西方金也，其帝少皋，其佐蓐收，执矩而治秋……北方水也，其帝颛顼，其佐玄冥，执权而治冬……"[①]这是对东、西、南、北、中五方的描述。

---

①何宁：《淮南子集释》，中华书局，1998年。

据说，"五猖"起源于明朝。朱元璋定都南京后，对各位功臣论功行赏，却忘记了那些在南征北战中已经捐躯的官兵，结果就有人来向他诉苦邀功。朱元璋一时想不出安抚这些人的办法，索性封他们为"猖神"，以东、南、西、北、中五路囊括之，并让百姓不时举行活动祭祀。朱元璋因感念高淳祠山之恩德，特将五个士兵塑成像，谓之时时保护祠山大帝，受其派遣。因此，朱元璋委派当时入朝修《元史》的翰林院编修、明初著名诗人高启，来完成猖神祭祀活动。高启来到高淳固城，这里有"楚王城"和楚王行宫，楚国灭亡后固城被伍子胥一把大火烧毁。高启借用这里的宗庙祭祀猖神，并在明朝洪武年间流行的昆曲上做文章，糅合了唱念做打、舞蹈及武术等，他将猖神五个，武士六个，和尚、道士、土地、判官各一个，共十五个人组合起来。该祭祀活动表演者不上戏台，平地跳场，所以又叫"吹地灰"。

跳五猖

南京明朝移民跳地戏祭祖

现有一幅乾隆年间传下来的《跳五猖》行当图，目前仍保存在桠溪镇韩城村，图上清楚地描绘出五猖神群舞的阵势以及所祭祀的神灵。当地民间进行跳五猖的表演一直是以此为准，并以口传手教的方式传承下来。

高淳桠溪跳五猖的表演威严、雄壮。表演者头戴猖神面具，着神袍，扮五位猖神，

还有土地、城隍、僧、道、武士等多位表演者。五位猖神，手执双刀，作巡视状出场，朝拜四方，舒臂抬腿，手舞足蹈，碎步穿插，布列各种阵形。黄面猖神居中，青、赤、白、黑猖神围聚收场。舞蹈动作粗犷奔放，伴有仪仗队、旗幡队，音乐曲牌用民间小调，配乐用锣鼓等打击乐器及唢呐、长喇叭等吹奏乐器。跳五猖的音乐有大、小锣鼓之分，

天龙屯堡地戏队

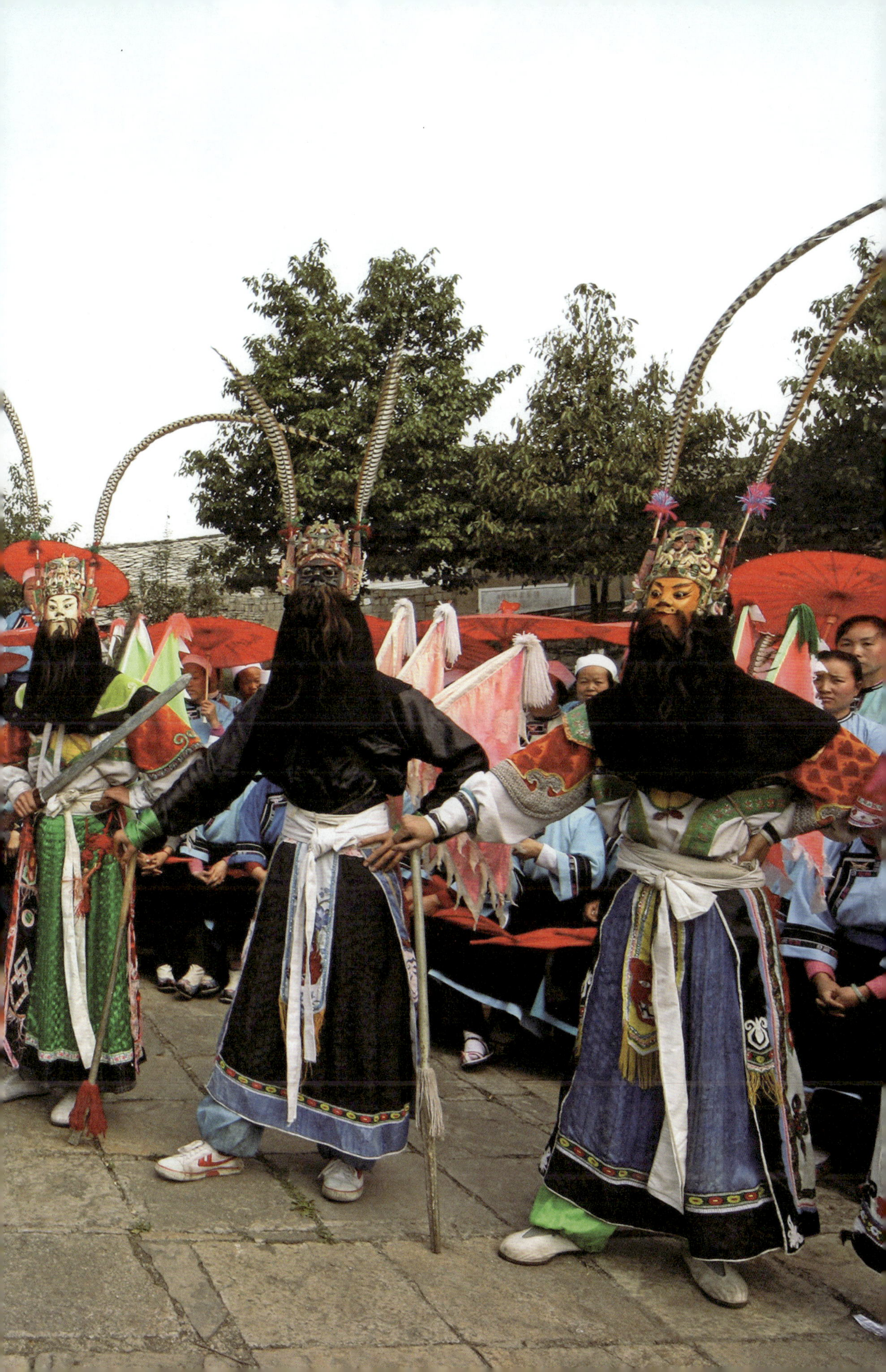

按演跳进程交替演奏。全套仪式演跳近两个小时，有送神（取出面具）、接神、贺神、暖神、摆坛、祈愿等流程。场面十分壮观，极具震撼力。

跳五猖古朴、庄重，蕴含深厚的古代文化内涵，以阴阳五行学说为其架构，融合多种民间表演形式，是古代文化多样性的体现。举行跳五猖仪式前，村民有多种习俗与禁忌，如参与演跳者及还愿人家需洗澡净身，禁止污言秽语，夫妇不得行房事。

桠溪跳五猖具有人文内涵和艺术魅力，在中国民间舞蹈史上占有一定的地位。它带有原始舞蹈的魅力，艺人以信仰习俗、审美心理和对未来期盼的情感为出发点，凭借道具，手舞足蹈地表达民众的美好祈求。保护和传承桠溪跳五猖对研究南京高淳乃至江南地区的历史、政治、社会、人文等方面的文化具有重要意义。

屯堡地戏脸谱

二

明洪武年间，明太祖朱元璋实行"调北填南"政策，大批移民涌入云贵。特别是安顺一带，广布军屯、民屯、商屯，形成了密集的社会群落。大量的安徽、江西、湖广移民留驻安顺，使江南文化在这里落脚、生根、发芽。当时移民到屯堡的人中，以南京人最多。

早在明军中盛行的融祭祀、操练、娱乐为一体的军傩，和在江南民间传承的民间傩，也随南征军和移民进入贵州，与当地民情、民俗结合后，形成了以安顺为中心的贵州屯堡地戏。

"地戏"二字，较早出现在清道光年间的《安平县志》（安平即今安顺市平坝区），其载："元宵遍张鼓乐、灯火爆竹，扮演故事，有龙灯、狮子、花灯、地戏之乐。"[①]县志中记载的"地戏"，屯堡人称作"跳神"，这与地戏所表演的剧中人物有很大关系。有的专家学者认为"地戏"是一种官称，但出于约定俗成的缘故，民间所称的"跳神"慢慢被淡化，而安顺"地戏"就成了正式的称谓。

屯堡的地戏源于明代的军傩。军傩是古代军队用来为出征祭典，振奋军威，恐吓敌人的一种傩仪。六百年前，屯堡人把江南一带的军傩带到黔中，后经发展演变，吸收了安徽、江西等地区和本地民间戏剧的一些形式和内容，形成了现在的地戏。地戏是屯堡人独有的民间戏剧，发端于江南，发展于黔中，它在屯堡文化中占有很重要的分量，是屯堡人的一种精神寄托和象征。

安顺屯堡地戏一般在春节期间演出二十天左右，是岁终新正的聚戏活动，与逐疫、纳吉礼仪一起举行。在清康熙三十一年（1692年）修订的《贵州通志》上，保留了康熙十四年（1675年）所修《贵州通志》的引文"土人[②]所在多有之，盖历代之移民……岁首则迎山魈，逐村屯以为傩，男子妆饰如社火，击鼓以唱神歌，所至之家，皆饮食之"[③]。人们跳地戏主要是为了驱邪禳灾，也是为了娱乐，因此也称

[①]《安平县志》，贵州省图书馆油印本，1964年。
[②] 土人：旧指世代居住本地的人。
[③]《贵州通志》，清康熙刻本。

其为"跳新春"。一般一个村寨只演一部大书，称"一堂戏"。演出时，村口和其他醒目的地方要插一面大红旗，旗上绣着很大的"帅"字，表示这个村子今天要演出地戏。此外，红色也有纳吉之意。

地戏演员有二三十人，由"神头"统筹。民间艺人将地戏脸谱概括为文将、武将、少将、老将、女将五种，称为"五色相"。这和跳五猖中的木、火、金、水、土五行之色很相似。据《续修安顺府志》记载："当草莱开辟之后，人民习于安逸，积之既久，武事渐废，太平岂能长保？识者忧之，于是乃有跳神戏之举。借以演习武事，不使生疏，含有寓兵于农之深意。"[①]

安顺屯堡地戏已有六百多年的历史，是屯堡人独有的一种民间戏剧，其由来与明初开发黔中安顺屯堡人的生存选择有关。地戏的剧目只有武戏，如《三国》《隋唐演义》《封神榜》《杨家将》等。在表演中又加进了许多青面獠牙的人物，以加强驱邪逐祟的气氛。同时，人们看戏时也是在欣赏地戏脸子（即地戏脸谱），如地戏武将脸子，连头盔一起雕刻，再配上可以活动的耳翅，构成一个整体，表现手法夸张，刻工精细，特别注重在眉毛、眼睛、嘴的刻画上突出性格特征。

除了演地戏，屯堡人的祭祖仪式也非常特别。每年阴历七月十四日的中元节，屯堡人会面向东方，即南京方向，三跪九叩。屯堡人还有放河灯的习惯，每家每户都要制作南瓜灯放在河面上，任其向东北方漂流而下，寓意为把逝去的先人们对家乡应天府南京的思念送到遥远的祖地。

三

提到屯堡地戏，就必须说说已故的安顺屯堡地戏的"神头"、总教头陈先松先生。我认识他二十多年了，我们曾在天龙和南京多次研讨地戏文化的源起与演变。他认为自己的老祖是从南京都司巷移民过来的；口传屯堡地戏的原本，是洪武年间一个

---

① 《贵州通志》，清康熙刻本。

地戏教头陈先松

姓汤的指挥从南京带来的。

一方舞台，说尽千年。地戏又叫"跳神"，是屯堡人自行组织表演的一种民间戏剧。过去，一般是上年纪的人才跳地戏，当地人相信地戏具有祈福消灾、道德教化的功能。陈先松是屯堡地戏的教头，自小和父亲学习地戏。在二十世纪六七十年代，他担心这门绝技失传，冒着危险把一套面具埋在坟堆里，自己还常常潜入深山中，悄悄练习地戏，增强记忆，以免遗忘。

改革开放后，陈先松组织村中往日练过地戏的老人，组成了五人地戏队。陈先松每天领着他们在"演武堂"院落内演练。他们通过整理编排，将地戏剧目由过去单一的《三英战吕布》发展为《征西》《封神演义》《岳传》《隋唐演义》等十余个。渐渐地，周边的詹家屯、金官屯、安庄屯、下关屯、吉昌屯、九溪村等屯堡村寨的许多年轻人慕名前来向他拜师学艺，有的学成后加入了地戏队当中。

陈教头对徒弟们在演武中的一招、一式、一锣、一声、一吼、一唱，要求非常严格，决不放过任何一个细小的环节。他对学徒们不吆三喝四，不凶神恶煞，也不怕徒弟学成后抢走自己的饭碗，因为这是在传承传统文化。一声"师傅，您好"，一双布满老茧的手和一双稚嫩的手握在了一起，一对师徒的关系就确定了。每当逢年过节，徒弟们都会登门去看望师傅，而陈师傅、陈师母都会做上一桌好菜，拿出好酒来与徒弟共享。

屯堡地戏是一种民俗文化现象，随着历史的变迁，这些传承人在亦兵亦民的过程中繁衍生息，执着地守着世代相承的文化生活习俗。

屯堡人的地戏原始粗犷，对战争的反映栩栩如生，被誉为"戏剧活化石"，是屯堡文化品牌的标志。屯堡文化既有自己独立发展、不断丰富的历程，也有中原文化、江南文化的遗存，既有地域文化的特点，又有中国传统文化的内涵。一方面，他们执着地保留着其先民们的文化个性，另一方面，在长期的耕战耕读生活中，他们又融入了当地文化。

屯堡花灯的渊源与流变

同奔放豪气的屯堡地戏大不相同的民间戏剧——屯堡花灯，没有"神"的光环，却具有质朴抒情的个性，充满生活情趣。

屯堡花灯史料缺乏，其来源无从稽考。花灯与地戏一样，应是随明代"调北填南"的历史进程，从江南流传到安顺屯堡村落。我们对屯堡花灯进行考现研究，通过歌舞小戏中的人物打扮与演者的挥帕动作，追溯其历史源流。

一

既然屯堡花灯出自江南，那我们就从那里开始溯源。江南有一种民间歌舞（戏）叫"闹花灯"，起源于元末明初或更早一些时候的正月十五花灯节和"社火"中的花灯，流行于以南京为主的沿江地区，尤其是扬州和江都等地。

"正月十五闹花灯"是南京的传统习俗。花灯又名彩灯，起源自汉武帝于农历正月十五日在皇宫设坛终夜点灯祭祀太一神，这也是元宵节点灯的开端。后来道教敬神与佛教燃灯礼佛相结合，每到正月十五夜，士族庶民一律挂灯，形成了独特的习俗。

元代的南京人利用元曲曲牌中的"南京古腔本调"，形成了"南京白局"。这是一种极具浓郁地方特色的说唱艺术，说的是最正宗的城南老南京话，唱的是时代俗曲和江南民调，揉进了南京秦淮歌妓弹唱的曲调。因其曲种收调众多，唱腔丰富多彩，所以又有"百曲"之称。后来，又逐渐融进"南京白话""南京大鼓"和"南京双人转"中的表演特色，发展成用第一人称，演重于说，让演员成为剧中人的演艺形式，上演了民间歌舞戏"闹花灯"，主要剧情是描写一对城外夫妻进城看花灯

花灯

时的风趣见闻。

扬州及江都地区的扬剧中也有花灯戏。扬剧原名"维扬戏",俗称"扬州戏",流行于江苏省和安徽省的部分地区及上海一带。它以扬州民间歌舞小戏花鼓戏和苏北民间酬神赛会时由男巫扮演的香火戏为基础,吸收扬州清曲和地方民歌小调,最终形成喜剧风格。而江都的民间江南小调"闹花灯",表演者不穿戏装,习惯在稻场、村头、屋前进行表演。该戏讲述了一对夫妻进城看花灯时闹出的种种笑话,出彩点是这对夫妻都是由男人来扮演的。后来演变和分解出多种滑稽小品和双人、多组等形式不一的小歌舞戏,台词没有标准,大多即兴新编,只要能逗乐观众就行。

二

再看看屯堡花灯戏,沿袭几百年流传下来的流程,演员无论多少,以对为主,一个唐二,一个幺妹。唐二身穿白布对襟布排扣短上衣,蓝布裤,足蹬双袢布鞋,头包毛巾帕;幺妹系男扮女装,着屯堡妇女的生活装,或短装系花围腰,戴假发辫。幺妹执手帕,唐二执团扇,在鼓乐声中边舞边唱,在情感抒发中交代情节。

以抒情为主的屯堡花灯,源自江淮地区的南京、扬州及江都,受到江南文化的极大影响。虽说在漫长的发展历程中有了一定的特色,但由于地域文化的局限性、排他性,花灯均各自独立成曲,互相交叉的曲目很少,无法形成曲牌,这一点十分遗憾。相比较之下,江都和安顺这两地的花灯戏有着许多相似点。

在查阅安顺屯堡人家谱时发现,其中有一大批移民祖籍是江都,他们祖辈当年是跟随江都籍的贵州都指挥同知顾成征战到安顺后落户下来的。这样一看,就不奇怪了,也就理顺了屯堡花灯的来龙去脉。

《明史》记载:"顾成,字景韶,其先湘潭人。祖父业操舟,往来江、淮间,遂家江都。"[1]顾成出生于元朝至顺元年(1330年),他的祖父是一名船夫,由于经常在江淮之间行船,所以在扬州安了家,之后顾成出生于扬州江都。顾成少年英勇,

---

[1] [清]张廷玉:《明史》,中华书局,1974年。

元宵节在南京夫子庙看花灯的屯堡小娘娘

《明史》说他"少魁岸,膂力绝人"。他不仅身材高大,力大无比,尤其擅长使用马槊。当时,有十多个强盗抢劫他家的船只,他一人持槊将盗贼全部击败,同行的其他船夫从此对顾成尊敬有加,行船时都喜欢尾随其船后。

顾成后来投奔朱元璋,为帐前亲兵,执掌伞盖,累功至坚城卫指挥佥事。后参与平定四川,调防贵州,征讨云南,升迁为贵州都指挥同知。他镇守贵州十余年,平叛乱数百起,人称"顾老虎",威震黔中,佩征南将军印,被封镇远侯。明永乐十二年(1414年),八十五岁的顾成病逝,被追封为夏国公,他为明朝对西南的统治做出了极为重要的贡献。

我前文提过顾成在安顺十年之久,为了安顺的稳定与发展做出了巨大的贡献,但是此人现在被忽略和低估了。

明朝有两个家族对云贵地区的贡献颇大,一个是永世镇守云南的西平侯(黔国公)沐氏家族,另一个就是在明朝初年镇守贵州长达四十余年的镇远侯顾氏家族。

屯堡花灯戏

顾氏家族后又有部分后裔留于黔中定居，安顺九溪的顾之渊家族即为顾成之后。从某种意义上来说，明朝之所以能够将云贵长期纳入其统治范围，沐、顾两家功不可没。只不过，由于沐家太过出名，大多数人不知道贵州顾侯，顾成在西南的贡献虽不能和沐氏一族画等号，但也不可忽略。

三

屯堡人的花灯，是以江南小调为主的民间歌舞，以众多的花灯调子构成了花灯的艺术本体，唱来平稳舒缓，讲究通俗朴实的韵味。唱词句式自由，不讲究文字的雕琢，并且直接运用方言俚语，增加了情趣，也使唱词更为亲切和贴近群众。屯堡人玩花灯始终以自娱为主要目的。花灯因其抒情风格和幽默诙谐的艺术个性为百姓所喜爱。

　　花灯调中大量使用衬词（飘带）和扇帕旋转，使曲调演唱起来活泼轻快，又增加了演员动作的美感，在月琴、梆笛的帮衬下，使花灯的艺术感染力更加丰富。通过整个表演程式，可洞悉屯堡人的艺术心态和心路历程。

　　仔细观察花灯的扇帕动作，其以扇为主，帕随扇转，有翻扇、变扇、撕扇、打扇、怀扇、花扇、腰扇、指扇、扎扇、摇扇、捏扇等技巧性手法，还从中发现不少动作有江南苏州昆曲中水袖的影子。

　　苏州昆曲是"百戏之祖"，水袖是昆曲的象征，影响着中国大部分戏曲的发展，很多戏曲剧种的甩袖技巧风格也借用于昆曲。在婀娜多姿的手法中，有抖袖、翻袖、扬袖、抓袖、甩袖、背袖、搭袖、勾袖、绕袖、荡袖等多种程式。当具有阴柔之美的水袖遇见身法，二者合一走到了一起，水袖与身法之间相互影响，彼此相互依偎、渗透、交织。

　　无论是花灯的扇帕，还是昆曲的水袖，它们在演出中的各种动作所带有的韵律与身体节奏的特点，都是技法、形态、力度的综合体现，最后并在身法运用的拧、倾、圆、曲的体态中，在起、承、转、合的态势中，让人沉浸在渐翻渐摇的身姿和忽展忽叠的情节之中。

屯堡老戏台

田野民俗考现·黔中安顺屯堡明代民俗遗存

第三章

顾成与"以辣代盐"食俗 / 安顺黔滇古道，身披黄土红尘 / 明国曲《茉莉花》古调留芳安顺屯堡 / 昆曲与黔中擦肩而过 / 沈万三与昆曲文化史小考 / 沈万三后裔发现考证记 / 安顺屯堡人的寻根之旅

顾成与"以辣代盐"食俗

江山如此多"椒"——花椒、胡椒、辣椒,但这三者不是一回事。在黔域中"以辣(椒)代盐"食俗的形成,最早是从明时传入辣椒开始。辣椒又名番椒、大椒,原产自美洲的哥伦比亚和墨西哥,十五世纪末哥伦布把辣椒带回欧洲,并由此传播到世界各地。

海贾通番,辣椒最早进入中国是在元末时期,先由从事海贸的商人们经过马六甲海峡带回来。明《草花谱》记载的"番椒",最早是作为观赏植物栽培。到了明朝末年,辣椒才在中国大面积种植。

一

辣椒最早传入现今贵州地区是在明初。当时地处西南腹地的贵州尚未建省,分属于四川、湖广、云南三行省。以沈万三为首的一批被发配到云贵的江南富商们将辣椒种子带入黔域,后种植在贵州乌蒙水西的大方地区。大方的辣椒种植历史悠久,这和当时水西彝族的女政治家、维护国家统一的巾帼英雄奢香夫人有着密切的关系。正是在奢香夫人的积极推动下,辣椒才得以在贵州进行种植与传播。

奢香夫人(1358—1396年),彝族名舍兹,又名朴娄奢恒,元末明初人。奢香夫人出生于四川永宁,系四川永宁宣抚使、彝族恒部扯勒君亨奢氏之女,彝族土司、贵州宣慰使陇赞·霭翠之妻,婚后常辅佐丈夫处理政事。

明洪武十四年(1381年),霭翠病逝。因儿子年幼,年仅二十三岁的奢香承担起重任,摄理贵州宣慰使一职。朱元璋讨伐元梁王把匝剌瓦尔密的残余势力时,奢

寨巷口卖屯堡炒货的老娘娘

香夫人审时度势，支持明军，积极献粮通道，还凭借宗族关系，亲赴乌撒、芒部，对其管理者阐明形势，劝说开导，使明军得以顺利进拔云南，促进了国家的统一。

明洪武十七年（1384年），奢香夫人赴京师，向朱元璋表示"愿令子孙世世不敢生事"，并"愿意开山凿险、开置驿道"。朱元璋大喜，封奢香为"顺德夫人"，赏赐金银和丝织品等物。奢香夫人回乡后打开了与川、滇、湘的通道，使贵州和明朝廷的关系更加密切。

乌蒙水西地处偏僻，地势险要，道路不通，与外界不相往来，导致水西的盐极其昂贵，两匹马换一斤盐，老百姓吃盐十分困难。奢香夫人看到了这一问题的根源所在，于是采取了保护商人的措施，用杀一儆百的方法保护了自由贸易，同时大面积种植辣椒，暂缓了老百姓吃盐的难题。

在辣椒传入乌蒙时，奢香夫人就发现辣椒除了辣味，还有代替咸味的开胃功能，于是她要求大方鸡场地区的每家农户必须种辣椒，种植品种有个体肥大、肉厚、辣味较低、略带甜味的泡通椒和形为鸡爪、辣性较强的线辣两种，后被统称为"大方辣椒"。

后来，奢香夫人到京城应天府拜见明太祖朱元璋时，用成熟的大方辣椒进贡，朱元璋吃后感觉又辣又香，见大方辣椒浑身发皱，遂御赐名"皱椒"，从此年年索贡，因此大方辣椒又称"贡椒"，居中国七大名椒之首。明洪武二十九年（1396年），年仅三十八岁的奢香夫人病逝，朱元璋特遣专使吊祭奢香夫人，并赞她"奢香归附，胜得十万雄兵"，同时敕建陵园和祠堂于洗马塘畔。

二

在我们国家，天然盐主要来自海盐、湖盐和井盐，在内陆地区主要是井盐和湖盐，但这些资源都集中在盆地区域，如四川盆地、云南滇中盆地。贵州是内陆之地，虽然水系发达，水位落差集中的河段较多，但自身不生产盐，是全国不产盐的省份之一。缺盐的古贵州人，用吃酸的方法来解决少盐的问题，带酸味的菜会改变食物的味道，刺激味蕾，这种饮食习惯流传至今。

准备腌制辣椒

全面"以辣代盐"解决贵州盐的紧俏问题,是在洪武十五年(1382年)后。普定卫指挥使顾成嗜辣,将乌蒙大方的辣椒籽推广到安顺平坝马场林卡进行种植,以满足部队外出作战和城内防守时的食用需求。由于平坝气候和土质特别,林卡产的辣椒色泽鲜红、皮厚籽少,成了安顺的传统辣椒,现已有六百年的种植历史。

由于林卡辣椒能提取红油,是制作辣椒制品的高品质原料,普定卫指挥使顾成指派奉旨戍边至此的屯堡江南军民,将安顺的林卡椒腌制成适合常年食用的"糟椒",以起"以辣代盐"的作用。顾成强抓辣椒生产与腌制,确保其和粮食一样充足,之后,其生产和制作方式逐渐在云贵地区的各屯堡间流传开来,辣椒成了在山区生活、生存和军备物资的重要保障。

普定卫指挥使顾成深知盐对部队和百姓的重要性,但同时又不能违反朝廷法令,因为盐一直都是国家严控的。明朝分门别类对全国重要行业部门设置巡盐、巡漕、巡茶、巡河、巡关、屯田等专职御史。对盐的控制则更加严密,除了在盐场设置常驻地方的最高盐务管理机构——都转运盐使司之外,还建立了代表中央政府监督地方盐政的巡盐御史制度。明代巡盐御史隶属都察院所辖十三道监察御史系统,主要掌管巡视地方盐政,查禁私盐及督催盐课,属于盐务部门的专职监察官。

早在明太祖朱元璋在位时,就一再命御史巡视盐课。洪武三年(1370年),明政府基于国防的需要,下令推行开中法,使盐在社会产品交换中充当了全能的中介角色。根据国家不同时期的需要,纳粮、纳铁、纳马、纳茶、纳钞、纳麦、纳豆、纳绢、纳青草、纳棉布都能用盐替代,于是盐引便成为商人、权贵、勋戚等社会势力纷起角逐追夺的目标。为了有效地维护盐法,保证政府对食盐专卖权的控制及盐业利润的分配,明成祖朱棣于永乐十四年(1416年)开始专令御史巡盐。

辣椒有补充营养、增加食欲、驱寒暖胃、促进血液循环、解热镇痛等诸多好处,尤其贵州地区雨雾弥漫,阴潮厉害,吃辣椒可增加身体热度,可帮助祛湿驱寒。当时的科学并不发达,所以人们不知道食物的营养价值,只是觉得吃完辣椒以后人更精神了,因此吃辣便成了贵州的饮食传统。在当时缺盐少盐的情况下,辣椒对人体钠的补充至关重要。辣椒对生长环境有较高要求,不能太冷、太旱,适合山地种植,这些条件安顺通通能满足。而且,辣椒也不像盐那样昂贵,家家户户都能吃上,辣椒就这样逐渐成为贵州的传统食品。

晾晒糟辣椒

三

贵州自产的泡椒，在鲜咸口感中还带有种特别的清香。腌椒时节一腌就是一大缸，一直要吃到来年新椒上市。从地方志、杂文及民俗画中能够看到当时晒辣椒的壮观场景：入缸前清洗晾晒，大街小巷，院内路边，家家户户晒椒忙，满眼皆是辣椒——长凳、门板、竹帘、晾衣竿、桥栏、泥板、窗台乃至屋檐上……目光所及的空地，都是辣椒的舞台，真是一幅幅充满烟火气的贵州风俗图。

辣椒经过了阳光的照射，水分收干，苗条细嫩的椒身变得柔软了许多，这就可以进入清洗的环节了。此刻院落的水台上又呈现出另一番景象，尽管初冬的风使人感受到阵阵的寒意，但溪水却是暖暖的，人们会不约而同地搬着小板凳和木盆来到水台边，摆开阵势，一边洗辣椒一边聊家常，一大堆辣椒在不知不觉中就被洗完了。

辣椒洗净再晾干后就可以入缸了。那时缸氅几乎是每家每户的家常之物，把辣椒层层叠叠均匀地放入缸中后，再倒入一些淡淡的盐水，随后铺上蒲草垫，再把一块沉甸甸的石鼓墩压上，便大功告成了。如果是在老卤里腌制，就不用再加盐了，直接放入即可，时过半个多月就成了糟椒，即可启缸尝鲜了。糟椒看上去不起眼，却是很接地气的食物，是菜中之百搭，下饭喝酒之"神器"。后来糟椒成了古驿道上的生活必备品。

对于生计窘迫的普通民众而言，购买食盐是一笔不菲的开支，于是他们就成了"以辣代盐"食用辣椒的先锋。椒之性辛，辛以代咸，嗜辣的习惯因此从安顺开始向周边扩散，甚至传到了与贵州相邻的云南镇雄和湖南辰州。

清康熙《思州府志》载，"海椒，俗名辣火，土苗用以代盐"，清道光年间贵州北部已"顿顿之食每物必番椒（辣椒）"，清同治年间贵州人则"四时以食海椒"，从而逐步缓解了贵州食盐短缺的问题。

到了清代后期，安顺人在饮食上已经无辣不欢。作为吃辣先锋的贵州安顺人爱吃辣、会吃辣，有的辣而酸，有的辣而香，有的辣得张口咋舌、大汗淋漓，有的辣得口舌生津、爽口开胃，有的辣得干香浓郁、回味无穷。安顺人吃辣椒的花样繁多，在他们的辣椒"江湖"里，最让人无法割舍的辣椒有油辣椒、煳辣椒、糟辣椒、糍粑辣椒、辣椒面和香脆辣。

晒豆豉

总之，明代时辣椒的传播范围扩大，给中国饮食带来了"风暴"。没有辣椒，今天的黔味、川菜、湘食可能无法成形。此后，黔人嗜辣程度日益走高，辣椒成为人们饮食中不可或缺的角色，这最终让贵州成了吃辣大省，并且直接影响着周边的滇、川、湘，以及鄂、赣等地区。

贵州种植辣椒始于明朝，但"以辣代盐"的糟辣属安顺平坝林卡首创，普定卫指挥使顾成可记头功，是他让贵州的辣椒和"以辣代盐"历史，比贵州的建省史还要早。辣椒在中国的种植、食用和传播，彻底地改变了国人的餐桌。

安顺黔滇古道，身披黄土红尘

"扼塞强固，辐辏逶迤，边鄙都会，滇黔要区"的安顺，四境不与外省接壤，是名副其实的黔中腹地。各路客商联翩而来，纷纷在"虽属通商裕国，无殊蕞尔弹丸"的安顺城创行设号，经营五花八门的商品。

古时，各家庄号的行商坐贾，马驮挑担地从山外运来盐巴、瓷器、布匹、五金，又从本地贩出煤炭、水沙、猪鬃、牛皮、烟草、桐油、药材、茶叶，使安顺这个"万马归槽"的旱码头，呈现出购销两旺，店铺林立，商贾云集，甲于全省的一派繁荣景象。

这一切的繁荣都要归功于贡茶古道。贡茶主道从云南南部经思茅、大理、丽江到四川西昌，进入成都，再到中原。其岔路经古城而过，带来了东西两头的商机。一从云南大理、楚雄到昆明、曲靖，从胜境关进入贵州安顺到达贵阳，经湖南进入中原；二是从云南曲靖、昭通进入四川宜宾，经水路或陆路到中原。

贡茶古道的其中一条岔道，正好穿安顺沿老路向滇黔交界的胜境关进发。现在就随笔者走一走安顺往西的黔滇古道，从另一个角度看一看安顺，更深入地去了解其战略位置的重要性。

出关岭，途经晴隆县，拿着当年美国记者巴特的图片，去寻找向往许久的"史迪威公路"上的"二十四道拐"拍摄点。这条盘旋于陡峭山间的长约四千米的二十四道拐，每道拐仅几十米长，每道拐都是"回头弯"，盘旋曲行于雄峻陡峭的晴隆山脉和磨盘山之间的一片低凹陡坡上，其气势可谓"一夫当关，万夫莫开"，是贵州安顺以西黔滇公路最为险要的咽喉要道。笔者被它的雄奇险峻深深地震撼。山风强劲，野蛮地"撕扯"着头发、衣襟，毫不讲理地"争夺"着手中的相机。笔者使劲握紧相机，摄下了这条九曲回肠、盘龙卧蛇般的二十四道拐。

从晴隆经普安过盘州，中午时分来到贵州与云南交界的胜境关，前脚刚刚踏进

晴隆二十四道拐

云南，阳光已经洒满大地，后脚贵州还在下着小雨。

　　站在关口，一边是阳光灿烂的云南，一边是雨雾蒙蒙的贵州。宣威岭是两省的界山，有趣的是：靠贵州一面山土呈黑褐色，多雾；靠云南一面土为红褐色，常晴，中间仅一条小溪之隔。此时此刻，自然界的魅力不再是一句空话。一切都已经变得不一样，一块岩石就是一座山，正看侧看都不同，时而如少女，时而如老妪。山连山，山锁山，云南则天空高远，山上还积有白雪。

　　漫步在那段被岁月打磨得乌黑发亮的古驿道上，立刻有了一种历史的沧桑和悲壮感。这段现存一千五百多米的悠悠古道，穿行于红土绿荫蜿蜒曲折之间。路面石块铮亮，多少年南来北往残留的马蹄印隐隐可见，每块路基石上似乎都流淌着浓烈的古风遗韵。

　　胜境关古驿道是古代云南通往中原的交通要道，历经元、明、清不断扩建整修，日臻完善，也算是当时边疆通京的"高速公路"了。就在这条古驿道上，曾经演绎出多少哀婉，多少悲壮。一车车的云南名贵药材、香木奇石，伴着阵阵马铃，源源不断地运往京城。中原先进的科技文化，精美的日用品，也沿着这条悠悠古道传进了云南。面对南来北往的各路政要、商贾宾客，面对数不清的悲欢离合，这悠悠古道又是滚滚历史红尘的见证。

　　当人们丈量古驿道的脚步还是那么稳健，理性的思想还在历史隧道中徜徉时，闻名遐迩的胜境关关隘城楼早已耸立在了眼前。城楼历经战火，饱受磨难，如今仍雄姿勃发，巍峨壮观，诉说着昔日的辉煌。登关墙和关楼，远望关外峡谷幽深，古道弯弯，古炮台依稀可辨。

　　现存的一座古牌坊，面朝云南一面题"黔滇古道"，朝贵州一面则题写"固若金汤"几个字。沿着一条铺着石板的古驿道往前走，就是一段城墙和关口，这个关口就是云南、贵州两省的分界处。难怪明代吴自肃吟出了"才入滇南境，双眸分外明。诸峦环秀色，芳树带文情"的佳句。在一代文人眼中，壮阔险峻的胜境关就是这么幽静和秀美。

　　在蜿蜒于山坡上宽约两米的"之"形古道上，许多石块已被马蹄踏穿。这里石板铺成的路面不仅便利马帮行走，也能让轿夫抬稳轿子。胜境关村内住有居民二百五十多户，许多住户祖上是由江南前来驻守的兵士。现存的建筑年代可追溯到

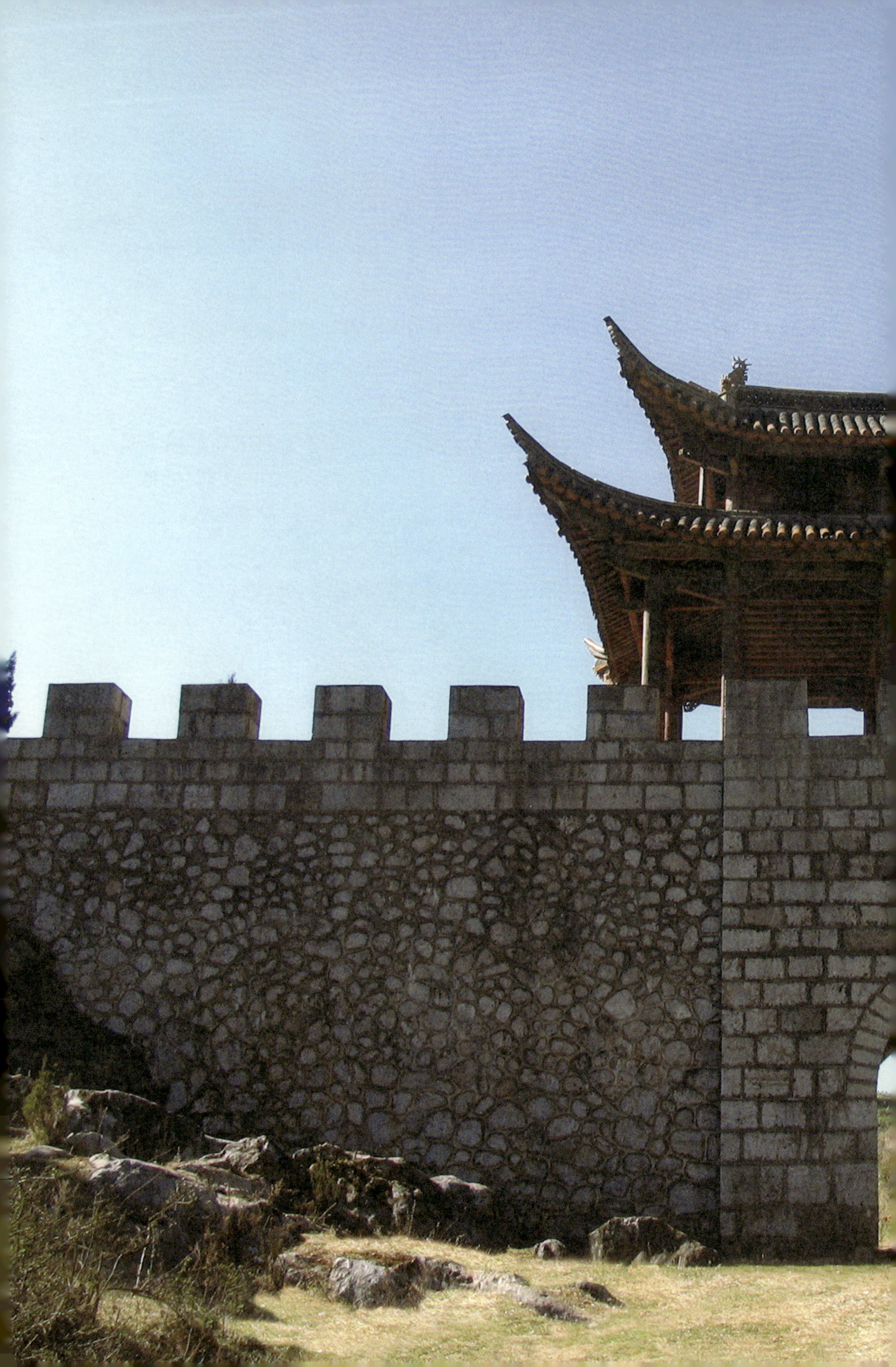

胜境关

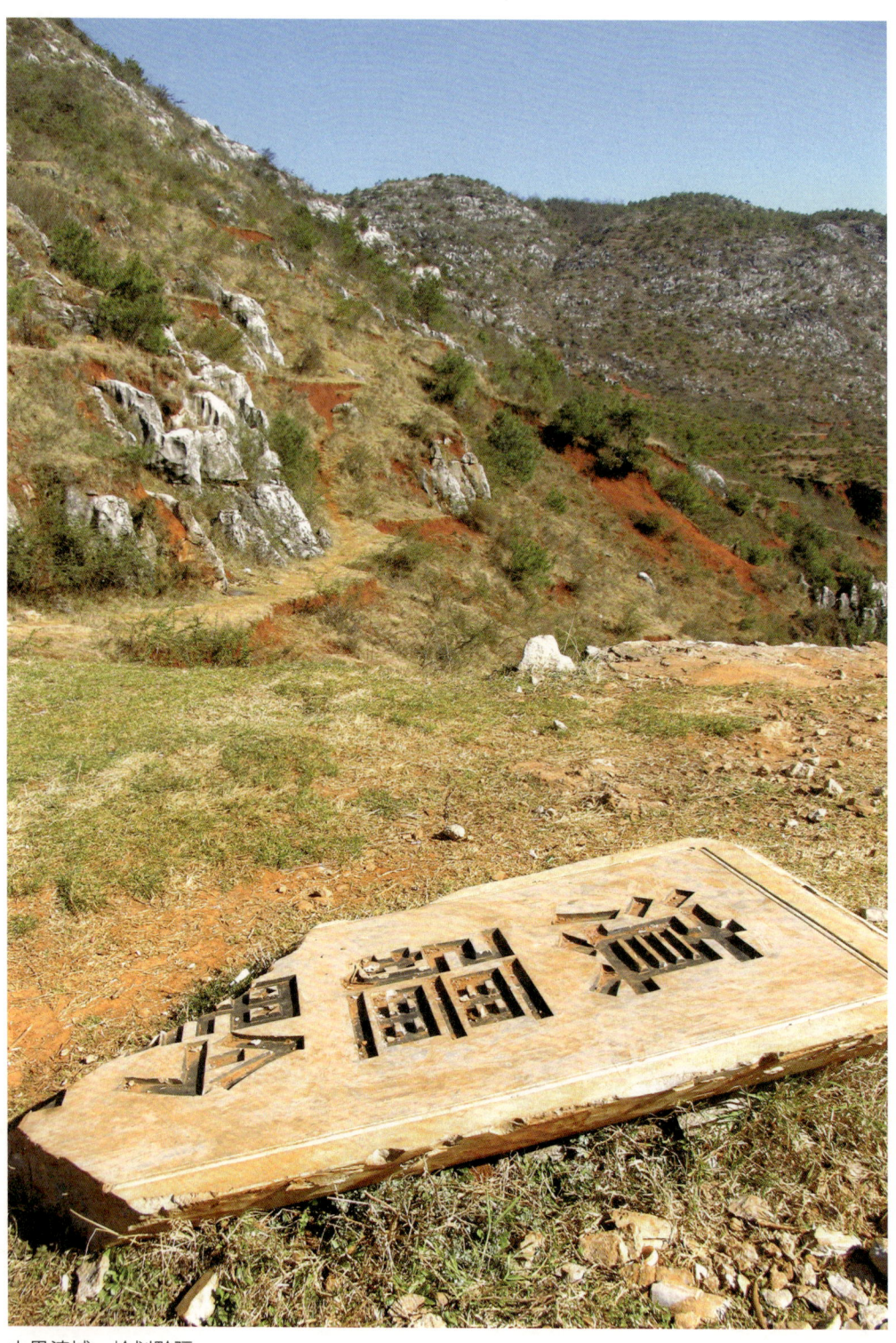

山界滇域，岭划黔疆

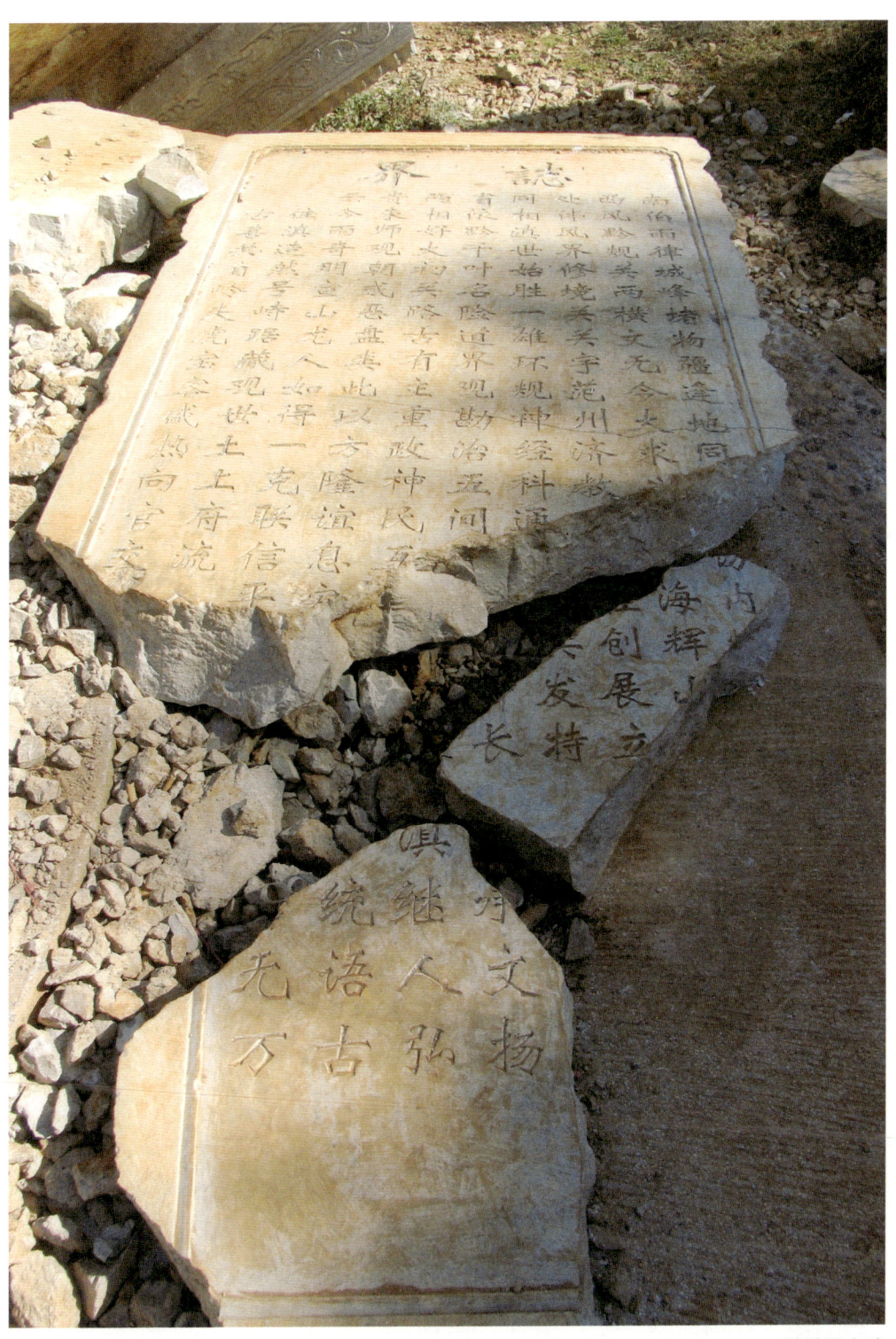

滇黔界志碑

六百年前的明朝时期，还有古炮台、古桥、石刻古迹，也都属于那段时期。

村前有个高十二米、宽十米的牌坊。重檐翘角之中，有块巨匾，上书"滇南胜景"四个大字，这是明代的遗迹。令人称奇的是，坊中立柱前后各有一对石狮，面向贵州的石狮身上盖满郁郁青苔，面向云南的石狮身披黄土红尘。这似乎也在向世人展示"雨师好黔，风伯好滇，贵州多雨，云南多风"的天气特征。

"风雨知云贵"，多少次拜谒胜境关，总会为那神奇的自然景观所倾倒，被那厚重的文化底蕴所感染，被那段震人心魄的深厚历史所闪现出的理性光芒所征服。只可惜随着社会的进步，铁路公路的修筑，古老的驿道行人渐少，滇南胜境关亦日渐冷清了。

滇黔古驿道

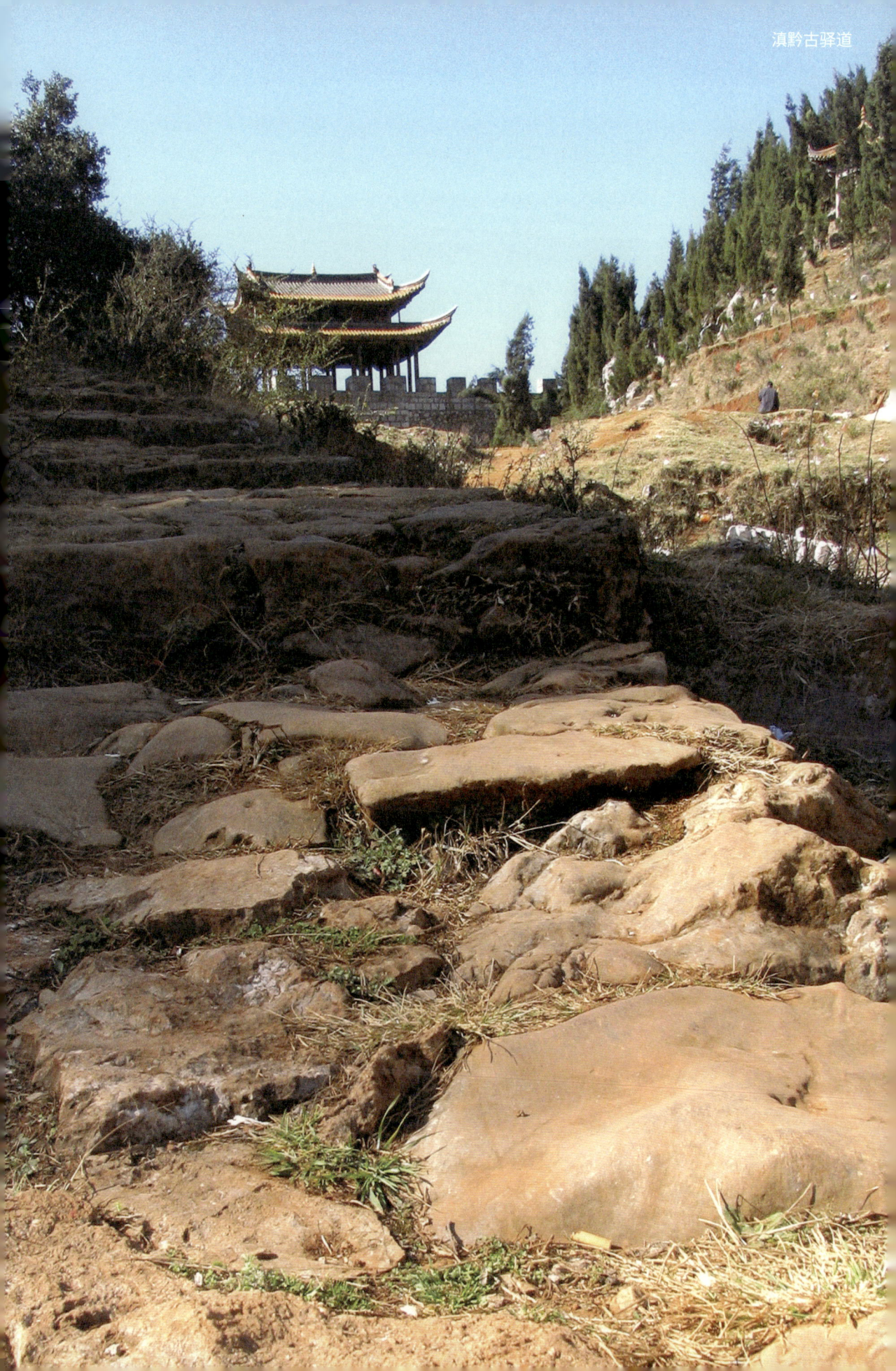

胜境关古牌坊

明国曲《茉莉花》古调留芳安顺屯堡

中国人对花的感情源于悠久的历史，深邃的文化。人们欣赏花的美丽，歌颂它的品格，赞美它的精神。

说起茉莉花，自然会让人想到"香飘"海内外的江南民歌《茉莉花》，这首脍炙人口的歌曲发源于南京。这首歌既然能在南京唱响，那就应该和当地的茉莉花有关。明朝刚建立之时，首都应天府南京城一片焦土，开国皇帝朱元璋为了美化都城，下令在花神庙村，这个历史上曾是明朝皇家御用花园的地方种植茉莉花和栀子花。

茉莉花和栀子花易种易活，花期五至八月，喜温暖湿润、阳光充足的环境。其叶色翠绿，花朵素洁、浓郁、清芬、久远，寓意忠贞、尊敬、清纯、贞洁、质朴、玲珑、迷人。不久，南京全城各街巷和院落中大规模出现了茉莉花和栀子花，这让朱元璋分外喜爱。渐渐地，茉莉花成了当时的首都之花。

明朝开国元勋徐达是同朱元璋打天下的功臣之一，他与皇帝还是亲戚，但徐达深知朱元璋一直对一起打天下的诸多功臣抱有极强的戒心。朱元璋常邀徐达在南京莫愁湖下棋，徐达虽棋艺高超，但恐有胜君之罪，每次均以失子告负。一次对弈后，徐达竟然把棋盘上的棋子摆成了"万岁"二字，朱元璋一高兴，便把下棋的楼连同莫愁湖花园一起赐给了徐达，那座楼便是现在的"胜棋楼"。

虽说朱元璋将花园赐给了徐达，但徐达却高兴不起来，因为皇帝对他的猜忌并没有就此结束，反而愈加强烈。相传，一日明朝开国元勋常遇春在出征之前来看望徐达。故友来访，徐达自然高兴，但想起往日的戎马生涯，再想想现在，虽然贵为丞相，却战战兢兢，如履薄冰，徐达感慨万分。看着莫愁湖畔怒放的茉莉花、金银花和玫瑰花，他现场编写，用家乡的花鼓曲调即兴唱起了歌谣："好一朵茉莉花，好一朵茉莉花，满园花草也香不过它，奴有心采一朵戴，又怕来年不发芽；好一朵

南京花神渡桥

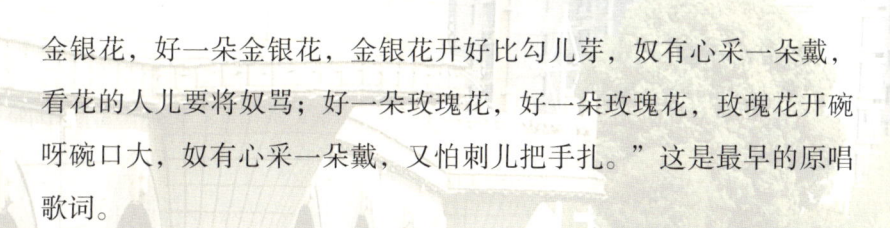

金银花，好一朵金银花，金银花开好比勾儿芽，奴有心采一朵戴，看花的人儿要将奴骂；好一朵玫瑰花，好一朵玫瑰花，玫瑰花开碗呀碗口大，奴有心采一朵戴，又怕刺儿把手扎。"这是最早的原唱歌词。

歌词中所提到的三种花分别代表了名、利、权。茉莉谐音读"没利"，意思说要看淡虚名；金银花指金银财宝，但在开花时花上却带着一个钩儿，如果你要取金银财宝就要付出代价，意思是要淡名薄利；玫瑰象征富贵，如果你要想拥有富贵，则会受到刺的考验。名、利、权，虽然都是好东西，但"有心来采"就会受到"看花人骂"。这里的"奴"是指徐达，而"看花人"指皇帝朱元璋。

由于徐达唱歌时沐英也在场，后来沐英同马皇后提起此事时，就把这首歌唱给了马皇后听。马皇后听后也觉得好听，这首歌便在宫中悄然传唱开了。加之这首歌用的是花鼓戏的调子，当时南京城中大规模种植了茉莉花，让朱元璋听来分外亲切，觉得这是歌功颂德的歌曲，值得大家来传唱。就这样，基于花鼓戏调子之上创作的《茉莉花》，成了明朝廷的代表曲目之一，也就成了当时的国曲。

再看，徐氏家谱中记载着徐达诗两首，分别为《澜渡秋声》《金陵重九》，又有对联《题金陵明宫联》一副。另还有《茉莉花》词一篇，后被世人用凤阳花鼓戏调进行了配音和演唱，传唱至今。后来，这《茉莉花》成了徐达封地扬州和扬中的秧歌小调，后经扬州历代艺人的不断加工，衍变成扬州清曲的曲牌名"鲜花调"。清乾隆年间出版的汇集当时流传广泛的地方戏曲的《缀白裘》里，就收录有《鲜花调》的曲谱和曲词。

1942年，何仿在南京六合金牛湖地区的新四军根据地演出时，民间艺人徐圣田给他唱了这首"鲜花调"的《茉莉花》民歌。徐圣田外号叫"小和尚",他是徐达的宗族谱中记载的传人,是个男唱女声的高手。1957年,何仿将当年的《鲜花调》做了修改,把原歌调三段三种花统一为茉莉花,并更换了歌词,于是有了今天传唱大江南北的新《茉莉花》歌曲,而徐达版的《茉莉花》已渐渐被人们忘却。

关于《茉莉花》与安顺的渊源。六百年前的明朝,南京有大量军民远去云贵屯边,由于背井离乡,思念家乡之情油然而生,这些军民在路上一边走一边唱着南京的流行歌和国曲《茉莉花》。至今生活在云贵高原的南京移民后裔们大多都会哼唱这首流传已久的母调,这首母调现在已成了贵州安顺屯堡的"迎宾调",听后让人不禁联想当年回荡在秦淮河畔的动人旋律。

当笔者第一次在安顺听到沈赤兵先生演唱明代版《茉莉花》时,我很是震惊,赶快把此曲的明代版和今版的进行对比。今版:"好一朵美丽的茉莉花,好一朵美丽的茉莉花,芬芳美丽满枝丫,又香又白人人夸。让我来将你摘下,送给别人家。茉莉花呀茉莉花。好一朵美丽的茉莉花,好一朵美丽的茉莉花,芬芳美丽满枝丫,又香又白人人夸……"今版夸赞茉莉花的美、香,有赠予之意,加之配上了唯美的韵调,常被用于各类接待和晚会场合。而明代版《茉莉花》歌词中,核心歌词是:"一寸光阴一寸呀,金呢呀,莲花乐,寸金难买寸光阴呀,荷花一朵莲呀,茉莉花。"有了儒、道所尊崇的"莲花"之类的词眼。

屯堡的《茉莉花》含励志之意,谁会改编此歌呢?根据歌词所表达的意思,我们稍加联想就会恍然大悟,很可能就是明朝屯堡移民。他们通过这首《茉莉花》,将一生珍惜光阴,视时间为生命,推崇莲花高洁的品行,渴望继续建立功勋的心愿传唱开来。

屯堡有一位叫尹远的老人,他把《茉莉花》唱得声情并茂,前一句的调子与现在传唱的《茉莉花》不同,到了最后一句才变成大家熟知的《茉莉花》曲调。看来这《茉莉花》经过六百多年演变,已经和当地小调有机结合在了一起,变成了对歌的形式了。

由屯堡籍作曲家尹远记谱的《茉莉花一、二》,讲述了安顺屯堡人的六百年历史渊源,热情讴歌了屯堡人勤劳、善良、朴实的传统美德。

2006年,天龙屯堡的沈万三后裔到南京寻根,将写着"洪武茉莉花鲜花调曲本"

洪武茉莉花鲜花调曲本

的在贵州屯堡流传了六百年的《茉莉花》曲谱带回了南京。经过六百多年演变，先前的《茉莉花》已经和当地小调有机结合在了一起。这首明朝被派戍守边疆的士兵们因为思念家乡所唱的歌，以优美动听的旋律展示了南京与安顺屯堡的不解之缘，更有力地证明了安顺屯堡与南京血浓于水的关系。

屯堡妇女在南京明城墙下唱老调《茉莉花》

昆曲与黔中擦肩而过

在屯堡花灯中，能看到昆曲某些技法的影子，这是难免的，因为地处西南边陲的安顺，自明初"调北填南"的政策实施之后，江南文化因移民而逐渐传入。同时，昆曲也随之被带入，但只是在具有江南乡邦情结与文化记忆的士大夫阶层中雅赏与流传，普通老百姓很难接触到。

南京艺术学院艺术学研究所张婷婷博士曾发表论文认为，在十六世纪至二十世纪间，昆曲在贵州有过三次传播：一为万历年间（1573—1620年），贵州前卫（贵阳）文士谢三秀与南徙的缙绅士大夫将昆曲带入贵州；二为抗日战争时期，高等院校西迁西南，项远村在贵州的昆曲活动；三为中华人民共和国成立之后张宗和先生开启的贵州昆曲教育。这三次传播，尽管时间跨度长达四个世纪，但具有契合一致的共性，即与江南文人群体或个人的南移密不可分。文人士大夫虽非特意在边地种下昆曲的种子，却也有效地激活了昆曲文化在边地生根发芽。

然而，经我们的田野调查考现，结合综合史料得到的结论是：昆曲在贵州的第一次传播应提前到明洪武二十二年（1389年）。当时以原江南富商沈万三为首的一群"奉旨戍边""为西南理财"的官员以及江淮商人和文人士大夫定居旧州，闲暇时间让家班进行过极小范围内的昆曲雅赏。

明代最初设立有三个掌管宫廷音乐的机构——太常寺、教坊司和钟鼓司。太常寺隶属礼部，地位最为尊显，主管祭祀礼仪所用的雅乐；教坊司也属礼部，除了承应雅乐，还负责制作和表演"俗乐"——乐舞杂技和戏剧之类；钟鼓司主要是宦官，"掌管出朝钟鼓与内乐（内廷演剧乐舞）"，承应雅乐、俗乐，服务内廷，还负责保管剧本，民间称其为"御戏监"。

南京是一座有"戏"的城市。明初在政府的引导下，南京秦淮河畔的乐户聚集

昆曲堂会

地形成了"院—勾栏—酒楼"三位一体的演剧和营业形式，成为闻名遐迩的繁华之地。南京所设的酒楼也是歌妓聚集之处，俗称"十六楼"，是彻头彻尾的官办"国营酒楼"。但无论是富乐院还是勾栏酒楼，明初都曾严禁官员前往。

明代宫廷音乐以历代传统音乐为基础，吸收了当时不断发展的民间戏剧文化，为宫廷音乐输入新的血液，如朝会宴飨时的"殿中韶乐"，即使是由教坊司谱写演奏，其中也难免掺杂了世俗的成分，但无伤大雅。

有史可证，昆山腔在明初就已经形成了，并且明太祖对昆山腔还有一定了解。周元暐的《泾林续记》记载了昆山老人周寿谊受太祖之召前往宫中表演的情况："后太祖闻其高寿，特召至京，拜阶下，状甚矍铄。问：'今岁年若干？'对云：'一百七岁。'又问：'平日有何修养而能致此？'对曰：'清心寡欲。'上善其对，笑曰：'闻昆山腔甚嘉，尔亦能讴否？'曰：'不能，但善吴歌。'命之歌。歌曰：'月子弯弯照几州，几人欢乐几人愁。几人夫妇同罗帐，几人飘散在他州。'上抚掌曰：'是个村老儿。'命赏酒饭罢归。后至一百十七岁，端坐而逝。"[①]周寿谊虽然不会唱昆山腔，但从他们的对话中可以看出，当时江南一带已有昆山腔流行，而且明太祖显然对此还颇有兴趣。

明代南京的戏曲表演活动丰富多彩，与此相应，表演机构也多种多样。明代南京除了有职业戏班、家班外，还因明初南京为都城，故而还有宫廷表演机构。这些不同的表演机构在不同时期或此消彼长，或旗鼓相当，它们互为补充，共同承载着明代南京的戏曲表演职能。

如此看来，于洪武十五年（1382年）之后"填南"到黔中的南京移民，在京师时也曾去过或看过某些戏曲的演出，有的甚至就是戏班或家班成员中的职业演员。当然，由于昆曲是小众的戏曲，普通百姓较少接触，但对于民间专业人士来说，模仿、学习、借鉴、应用是肯定的，这为昆曲以后慢慢渗透于民间戏曲打下了基础。

史载，沈万三于明洪武十六年（1383年）从贵州七星关到达云南沐英府，从沐英处得到明太祖的口谕"为西南理财"，得到了官方的松绑与解放。洪武十七年（1384

---

① [明]周元暐：《泾林续记》，中华书局，1985年。

昆山腔戏曲表演

年），沈万三女儿沈线阳带女千里寻父来到沐英府，时年二十一岁的沐英之子沐春前来看望，一下看中沈万三外孙女、沈线阳十七岁的小女儿余惠刚，后将其纳为侧室，沐、沈就此结为亲家。

之后，已获自由的沈万三重操旧业，在云南这个相对开放的空间里，组织马帮开发西南滇黔驿道，促进茶马互市。后沈万三于洪武二十一年（1388年）年底到达贵州平坝天龙屯堡，次年在旧州久居。洪武二十五年（1392年），四十八岁的沐英去世后，沈万三离开旧州和平坝，来到贵州黔南平越（福泉市），于洪武二十六年（1393年）八月十二日在福泉山道观仙逝，享年八十八岁。

回到洪武二十二年（1389年）的贵州旧州，此时的沈万三年事已高，过着有云南王沐英照顾的宽松生活，闲来思乡之情越发浓烈，而本地所流行的一些小戏小曲，都是朝廷大力推行的妇孺都能通晓的曲艺，极力宣扬礼乐教化，而且带有浓厚的巫傩剧情，这些很难受到沈万三和黔中的江南籍文人士大夫欢迎。于是，他们将原有的"家（戏）班"整合起来，并参与其中，既当演员，又是观众。由于脱离普通民众阶层的日常生活与习俗趣味，昆曲始终只能囿于知识精英的窄小圈子中，以自娱自乐为主的方式传播，其形式类似于现在的文艺小圈子。这些均造成了昆曲不能在黔中进行有效传播，只能随着文人个体力量的辗转迁移而飘散零落或被迫中断，最终同黔中擦肩而过。

《中国戏曲志·贵州卷》中指出，贵州地区并不乏演剧的热闹氛围，本地流行花灯、地戏，其声尖锐，而词雅饬，黔人趋之若鹜，观者如潮，至于昆曲则知其名者鲜少，更遑论传习。况东南昆腔，曲高和寡，未能有效地结合区域文化的演剧习俗作本土化的变异与改革，在当地缺乏孕育其生长的文化土壤，脱离边地民众的社会生活与风俗习惯，只能局限在江南文人的朋友圈中浅酌慢品，雅部戏曲演出仍仅限于达官府邸，又随文人迁移流动与大众时尚风气之转变，时断时续地留存于黔地。此后，直到民国年间，才有来自江南的戏曲家，将昆曲播撒于黔省。[1]

总之，"调北填南"过来的流官与士大夫群体长期寓居黔中，逐渐形成以江南为主体的文人圈，他们所青睐的昆曲自然成了自己地缘性文化认同的自觉选择。但这只是一种孤赏。沈万三一生的幸与不幸，仿佛也象征着昆曲的命运，戏曲的苦难与个人的苦难，如复调般交织映照。随着沈万三的去世和"江南昆曲雅赏群"的解散，昆曲在黔中，一曲微茫，零落成泥，如散去的尘烟，暂无人继。

---

[1]《中国戏曲志·贵州卷》编辑委员会：《中国戏曲志·贵州卷》，中国 ISBN 中心，1999 年。

沈万三与昆曲文化史小考

在人类社会的进程中，每个民族都会用一种高雅精致的表演艺术，深刻地表现自己民族的精神与心声。如英国人的莎剧，意大利人的歌剧，希腊人的悲剧，俄国人的芭蕾舞剧，等等。他们都极其推崇本民族引以为豪的"雅乐"。

那么，中国人的"雅乐"又是什么？中国人给出的答案是昆曲。2001年，联合国教科文组织首次授予世界不同地区的十九个文化社区和文化表现形式以人类口头和非物质遗产代表作，中国昆曲赫然在列。

昆曲起源于十四世纪，至今已有六百多年历史。昆曲自产生以来一直独领中国剧坛，是中国戏曲艺术最高典范。昆曲作为中国最古老和最有影响力的戏曲剧种之一，流布广远，有"百戏之祖"之称，被誉为世界戏剧的三大源头之一。

无论是苏州园林，还是诞生在园林之中的昆曲，都被深深地刻上了文人的烙印。当年，园林的主人很会享受生活。无论是从官场上退下来的官员，还是黄金缠身的富商，总爱在最好的地段买下一块地，砌上一道高墙，把尘世隔开，在里面经营着自己的园林。

昆山腔形成后不久，一些民间的音乐家就应邀来到园林的主人家，担当曲师，并陪同主人和他们的宾客，在园林中吟诗、作画和度曲。园林中的春夏秋冬、风花雪月，一一化入曲中，由此导演出许多悲欢离合的人生故事。难怪苏州人常说，园林是可以看的昆曲，昆曲是可以听的园林。园林和昆曲，一起构成了中国人几百年来共同拥有的一处精神家园。

几百年的时光，就这样凝固在园林的一砖一瓦上。几百年的时光，就这样流动在昆曲的一唱一和中。历史，是过去和未来无穷尽的对话。让我们一起去追溯昆曲近七百年的发展历程，去追溯那些日渐遥远的人和事，去追溯一个民族对美的梦想

沈万三像

和追求。

现在，有人认为昆曲诞生于明朝的嘉靖年间，魏良辅是昆曲的创始人，至今有六百多年的历史。魏良辅，江西南昌人，嘉靖五年（1526年）进士，嘉靖三十一年（1552年）擢山东左布政使，三年后致仕，流寓于江苏太仓。他对昆山腔的艺术发展有突出贡献，被后人奉为"昆曲之祖"，在曲艺界更有"曲圣"之称。

实则不全然，"昆曲"的文化发展史早在元末明初之际就在苏州昆山开始了，它继承了自《诗经》开始的诗词曲文化的最重要的特征，即精简与格律。昆曲上承宋金院本，下启元明剧种，以元代文学家、富豪顾瑛为典型代表，直到明嘉靖年间才经魏良辅等人的改良而走向全国。

通过各种史料不难看出，昆曲发轫于元末明初的昆山腔，经明嘉靖年间文人雅士改革以后形成了新腔，时称"昆腔"，如明沈宠绥《度曲须知》说"腔曰昆腔"，明万历中期即有以"昆曲"称名者。至明末，以"昆曲"称"昆腔"已在大江南北流行，清中期又有以"昆剧"称昆曲者。

昆腔、昆曲、昆剧，实际是同中有异而取其同者而已。昆腔指其所唱之声腔，昆曲既指其用昆腔唱南北曲，也包括声腔、剧本与表演，含有剧种之义，昆剧则明确指其为剧种。

实际上，昆曲之所以发祥于昆山，是由于元朝昆山出了一位江南富豪顾瑛，因此，研究昆山腔，不能以魏良辅为起点，而应以元末明初的顾瑛的诗和顾坚的腔为起点。如此，才是南曲的真正溯源，昆曲的原始寻觅。

在苏州昆山的古镇周庄富安桥东堍南侧的南市街上，有一座建于清乾隆七年（1742年）的建筑，内有费孝通题写的"周庄沈厅"牌匾。沈厅老宅坐东朝西，七进五门楼，大小房屋共有一百多间，分布在一百米长的中轴线两旁，占地两千多平方米，为国家级重点文物保护单位。

沈厅原名敬业堂，清末改为松茂堂，由沈万三后裔沈本仁于清乾隆七年（1742年）开始修建。据《周庄镇志》记载："沈本仁早岁喜欢邪游，所交者皆匪类。及父殁，人有'不出三年，必倾家者'。本仁闻之，乃置酒，召诸匪类饮，各赠以钱，而告之曰：'我今当为支持门户，计不能与诸君游也！'由是，闭门谢客经营农业，于所居大业堂侧拓敬业堂宅，广厦百余椽，良田千亩，遂成一镇巨室。"沈本仁浪子回头，他没有把上辈人遗留的家产挥霍殆尽，在父亲死后发愤耕耘，拓展家业，建成了颇具规模的沈厅。

沈厅前部是水墙门和河埠，专供家人停靠船只、洗涤衣物之用，为江南水乡特有建筑；中部是墙门楼、茶厅、正厅，是接送宾客，办理婚丧大事和议事的地方；后部是大堂楼、小堂楼和后厅屋，为生活起居之处。

七进厅堂内，中央悬匾一方，由清末状元张謇所书"松茂堂"三个凸出的泥金大字。第五进中,安放着江南豪富沈万三的坐像。沈厅二楼的主人卧室内有几件明清时期的字画,其中之一是元代豪富、文学家顾瑛手书的词《山坡羊》。

《山坡羊》,南曲中最具代表性的曲调。作为昆山腔重要创始人之一的顾瑛运用《山坡羊》填词,是再自然不过的了。这首词无论是文采还是书法,都显得不俗,其中"黄金不负英雄汉,一片世情天地间。白也是眼,青也是眼……"显然,只有常常遭人嫉妒和中伤的豪富,才有可能写出这样充满愤懑情绪的词句来。顾瑛书写的条幅悬挂在沈家主人书房,也许仅仅是一种巧合。

顾瑛比沈万三小四岁,他俩都是同时代苏州昆山人,彼此相住距离也不远,一个在古镇周庄,经东江而东出海通番,一个在阳澄湖畔的古镇正仪,经娄江而东出海通番。按理,这两个富甲江南的人物之间应该有过一些交往,但几乎找遍所有关于沈万三和顾瑛的历史资料,都没有发现足以佐证的文字。但是他们同属张士诚文化圈里的人,这些达官贵人有一个共同点,即对昆山腔的无限热衷。

元末,沈万三利用元朝颁布的《官本船法》和《市舶法》的规定,凭借周庄特有地理优势通番,利用纵横交错的水路将河运和海运结合起来,把丝绸、陶瓷、茶叶、水产、五谷集仓,搞对外贸易活动,并在苏州平王张士诚的保护下,建园林搭戏台,开酒楼、银楼、镖局、典当行、布庄、鱼行、粮铺等。

现在苏州报恩寺塔东北隅碑亭内有"张士诚纪功碑"。据苏州方志,清代嘉道年间苏州人顾震涛所编纂《吴门表隐》中记载:"石家堂在北寺山门左,四层深凿神像,元沈万三所置。"近代金松岑等学者对图中冠服器物做索隐考证,断为元代雕刻,并认为刻的是至正十九年(1359年)张士诚迎接元使伯颜的场景。可想而知,当年张士诚和沈万三的私交有多深。

《周庄镇志·卷二》载:"万三住宅在焉,西北半里许,即东庄地及银子浜,仓库、园亭与住宅相互联络。"沈万三将周庄作为商品贸易和流通的基地,利用白蚬江(东江)西接京杭大运河、东北接浏河的便利,把江浙一带的丝绸、陶瓷、粮食和手工业品等运往海外,开始了他大胆地"竞以求富为务"的对外贸易活动,使自己迅速成为"资巨万万,田产遍于天下"的江南第一豪富。

沈万三出海通番发迹后,广辟田宅,富累珠玉。据《云蕉馆纪谈》载:"楼之下,

田野民俗考现·黔中安顺屯堡明代民俗遗存

苏州私家戏台

第三章

为温室，置一床，制度不与凡等。前为秉烛轩，取'何不秉烛夜游'之义也。轩之外皆宝石栏杆，中设销金九朵云帐，四角悬琉璃灯。后置百谐桌，义取'百年偕老'也。前可容歌姬舞女十数……"再据王行的《半轩集》载，沈万三发迹以后，很懂得附庸风雅，常常在家里宴请达官贵人，除了山珍海味和醇酒美人，还拥有三班女乐。

另在陈嘉欣编著的《中国豪富列传·江南首富沈万三》（台北精美出版社）中有详述，在觥筹交错之余，沈万三常常让女乐师尽情表演音乐歌舞，演奏的大多是沈万三与他的朋友们最爱听的昆曲。演奏时，观看的人很多。当时仅仅为华屋担任守卫、打更巡逻的更夫等，就多达六十人，每晚还供应点心酒肴，一个晚上要消耗十瓮酒和三十盘烧肉。后沈万三家族遭受三次沉重的打击，走向衰落，成为元明之际江南豪富的一个缩影。

各类资料都显示沈万三文学修养不高，不及顾瑛、顾坚、杨维桢和王行等文士，但他有超强的经济实力和广泛的人脉。

元朝至正年间，张士诚割据吴中称王，政权相对稳定。沈万三虽不会舞笔弄文，但他一有空就很喜欢扎在文人堆里谈笑饮酒，他还设弘文馆，开集贤馆，高楼雅座，延揽文士，管吃管喝，善待礼遇。因为昆山本身不大，加之私塾先生王行的牵线搭桥，久而久之，沈万三便混入当地文学圈，还资助过元朝的"文学奖"。

《明史》载："临川饶介，为元淮南行省参政，豪于诗，自称醉樵。尝集大名士，赋《醉樵歌》，张简诗第一，赠黄金一饼，高启次之，白金三斤，次杨基，犹赠一镒。"[①]张士诚是个好热闹的人，最怕冷冷清清，饶介是个有大气派的人，不喜抠搜吝啬，加之沈万三出资，咨议出面，官员参与，文人插手。于是，就有了一场声势浩大的"文学大奖赛"。

大江南北，报名响应，应征作品，纷至沓来，成为当时文坛一大盛事。那些日子，苏州城成为诗的世界，也成为名利的世界。元时的市制一斤，约合现今公制六百克，黄金一饼重三斤，为一千八百克。这是一笔不菲的支出，但对沈万三来讲，这笔支出毫无压力。

---

① [清]张廷玉：《明史》，中华书局，1974年。

不仅资助文坛，木匠出身的沈万三还根据昆曲的场景演出方式设计制作了"堂名担"，并组建沈家的昆曲演出班子，进行送戏上门入院，为昆曲的普及、繁荣和发展做出了积极的贡献。"堂名"是民间艺人在普及昆曲过程中形成的一种坐唱演出形式，由音乐演奏和昆曲清唱组成，一人身兼多职，既要唱又要演奏。堂名演奏时临时搭起的乐舆，可以拆卸、组合。拆散后装在箱内，方便肩挑，故称"堂名担"。

堂名艺人以八人组台为常规，少则四人，称半堂，或六人、十人、十二人，称一堂半，最多不超过十四人。堂名演奏时要临时搭起堂名担，上置笙箫弦笛等乐器，八人分坐两边。主唱者、副唱者和乐队按戏情需要再随时调整座位。

现在苏州昆曲博物馆有一镇馆之宝，为晚清时期的戏剧文物，即宝和堂的"堂名灯担"。旧时，大户人家请堂名班子来家里唱堂会，要把堂名灯担拆卸开，在主人家的客厅里组装。整个堂名灯担用一百七十九块大小精镂构件和一百一十二件饰件缀合而成，缀有白玉狮子的横杆，双层飞檐，镶珊瑚宝石，顶端有莲花玻璃彩灯，因为是晚清制品，当时已有电灯，灯彩辉煌，实在是非常精美。

仅从这精美非凡的堂名灯担，就可以想象当年昆曲兴盛时期的场面。堂名的艺术价值和历史价值很高，是昆曲曲社外较为普遍的表演形式。堂名堪称"百戏之祖"的载体，丰富了江南优雅的曲艺和音乐形式。

史载，北宋时期，昆山居民有一万六千户，十万多人。南宋朝廷迁都临安府（今杭州），很多皇室成员为了躲避战乱，纷纷从北方来江南定居，使昆山的人口迅速增加，也带来了经济的繁荣。至今仍被人们津津乐道的"金二十相公"和"陈妃"，便是宋室成员的代表。

一直到沈万三和顾瑛生活的十四世纪末，昆山一带才真正称得上繁荣昌盛。那时的昆山起码有两件事情可以载入史册，一是出现了以沈万三为代表的江南豪富，一是孕育了中国"百戏之祖"——昆曲。

众所周知，昆曲在十四世纪末并未进入全盛时期，但已经产生较大的影响，连农民出身的明太祖朱元璋也知道昆曲的优雅，他曾召见昆山百岁老人周寿谊，询问道："闻昆山腔甚嘉，尔亦能讴否？"

沈万三欣赏昆曲，犹如今天的人们欣赏流行歌曲一样，是一件简单的事情。再往后，这曾经拥有着长达两百年历史的辉煌艺术在中国文化史上成为尘埃一页。"不

田野民俗考现·黔中安顺屯堡明代民俗遗存

堂名灯担

第三章

惜歌者苦，但伤知音稀"，这是在昆曲最为衰微的时候昆曲艺人由衷的慨叹。

只有理顺了昆曲文化的发源史，了解了其中关键人物，才能明白作为中国戏曲的"百戏之祖"的昆曲是如何形成的，中国人的音乐韵律、舞蹈精髓、文学诗性和心灵境界，为何尽在昆曲之中。

如今，我们在昆曲的前世今生里，探寻民族艺术形成、发展、生存的土壤，在昆曲的大美至美中，重拾中华民族传统美学，重树中华民族传统文化自信。今天，古老的昆曲焕发了青春，迎接着下一个百年。在这方狭小而又广阔的舞台上，六百年的昆曲演绎着属于全人类的永恒经典。台下，是一个民族的唱和。

沈万三后裔发现考证记

哪里去寻找沈万三呢？

南浔，会留下踪迹吗？

在周庄有没有真正的沈万三遗迹呢？

沈万三曾到云南什么地方？

有没有留下遗迹？

逝后葬于何处？

沈万三真正后裔究竟流落于何处？

……

许多学者都在不遗余力地调查研究，总想解开历史"雾中人"沈万三留下的六百年悬案之谜。研究沈万三的确很难，单从明代正史、野史、笔记、杂谈等史料中，只能得到寥寥数笔的描述。因此关于沈万三，一直是个谜，这也是无法更好、更细致地了解和研究沈万三所处年代发展情况的根本原因。

1999年，笔者为中国旅游出版社撰写"即将消逝的生活"系列丛书《老井》《老行当》和《臭美的马桶》。在采访中，笔者发现沈万三的首业是箍桶匠，为此对沈万三大感兴趣。2000年5月，笔者总策划的"寻踪明朝南京移民"大型文化专题片方案在江苏省广播电视总台和《东方文化周刊》社审批通过。

之后，笔者便率领摄制组开始了不间断的寻踪采访，同时查阅了大量的史料，根据正史、野史和传说的内容，进行了排列、分析、研判，并以民俗文化和民间传说为主线脉，穿梭于大半个中国进行田野式调查考证。最终于2005年在云南的宣威、镇雄，贵州的毕节大方和安顺平坝天龙屯堡等地陆续发现了沈万三后裔。

一

2005年春节期间，笔者在安顺天龙一家石筑砖雕的门前，碰到屯堡沈姓十三代后裔沈开文、十四代后裔沈科儒和十五代后裔沈向东。一进沈宅，犹如踏入苏州周庄的沈厅，两进的厢房和两层木楼，曲廊雕栏，一派富贵景象。沈族长一言祖传"聚宝盆"，似乎道出了一个困惑了南京人六百多年的秘密：明朝豪富兴国公沈万三后裔到底留居何处？

作为天龙屯堡四大姓的沈氏也算黔中名人，为何其后人根本不知道始祖直至五祖的名和号？五代始祖，都以沈公相称，其祖墓是假坟，真墓在何方？陈氏和郑氏则家谱清晰，名号分明，官职显册。更奇怪的是这四大家族之间不能通婚，是怕连累，还是另有隐情？当时天龙屯堡属征南大军副将、云南侯沐英管辖，他和沈万三有旧。此时，为何陈、郑、沈、张四大入黔始祖要分别改名为陈镇定、郑镇定、沈镇定和张镇定呢？此举是否隐瞒着什么？

隐瞒真实姓名的沈氏难道就是暗中保全下来的沈万三后裔？因为沈万三太了解朱元璋瞬息万变的性格，为了避免引起注意，于是用了隐匿名字的办法。现如今，从沈氏口中得知，只有天龙屯堡沈氏为浙江吴兴村族祖吴兴堂，这恰和沈万三祖堂为一堂。沈氏十四代后裔沈科儒说，祖辈曾传言始祖叫沈元秀，而且留下民谣："沈家沈大富，张家张来宝。"实际上沈万三和沈富、沈仲荣、沈秀、沈元秀有可能是同一人。

在沈氏六代后的家谱子孙名辈排名中，竟然是这样排列的：应、世、洪、维、大、朝、庭、开、科、选、真、名、芳、俊、英、富、寿、延、长。此排名细细品来，有怀古祭祖之意。沈氏堂间无祖可祭，只供放着云龙、九溪、天龙屯堡等地大家统一恭放的"财神"沈万三之像。

此行屯堡，还有另一个惊喜发现。三个月后的一个雨天，在沈氏族人沈开勇家老屋隔墙中发现了一本又黄又脆的沈氏宗谱，里面有《仲荣始祖入滇记》一文，详细记载沈氏十一代人的去向、娶妻生子和功绩情况。资料难得，是追踪研究沈万三家族的有力佐证。

此时，沈氏后裔又赶赴毕节乌蒙山区，寻找当年来联系他们修谱的沈氏后人。

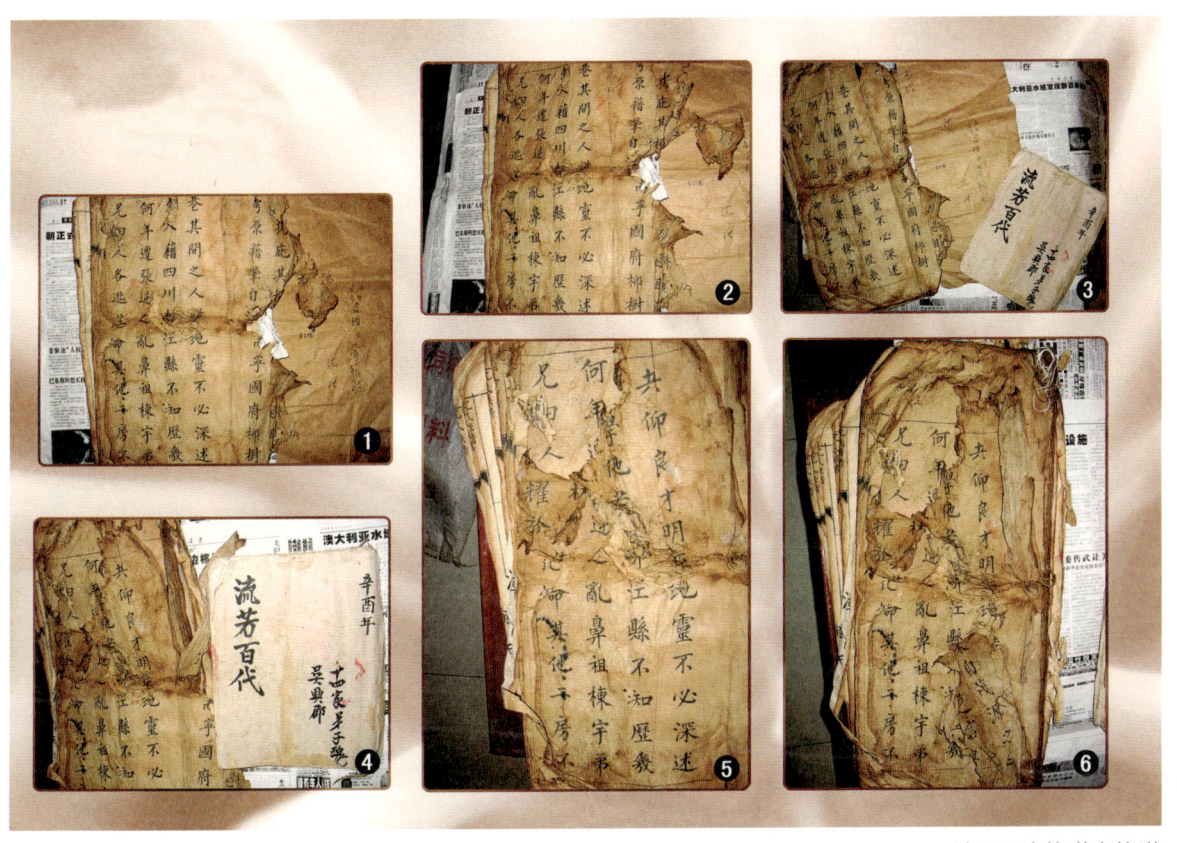

沈万三家族遵义族谱

在大方县，他们拿到了由贵州省史志办主任、沈万三第十九世孙沈长仁先生于1996年根据清代老谱修的《吴兴堂乌蒙沈氏族谱》。谱中详细记载了沈万三入滇以后的状况和家族分流情况，以及沈万三的生卒时间、墓葬地，沈万三几位夫人的姓氏及墓葬地，沈万三四子和五子的后裔情况，等等。这下彻底解开了六百年的悬案。

在《吴兴堂乌蒙沈氏族谱》入滇黔始祖万三世系中是这样记载的："沈万三，名富，字仲荣，春正月闰之甲申生，湖州南浔沈庄漾人。幼随父迁长洲周庄东蔡村，后迁应天府（南京），同会馆是其故宅，后湖中地是其花园。从农垦殖，从工办作场和内外贸易而致富甲江南。明洪武初，因富获罪，奉旨戍滇黔。洪武二十六年（1393年）农历八月十二，八十八岁卒，葬贵州平越福泉山。张三丰书赠万三诗曰：'浪里财宝水底藏,江湖英明空荡荡。平生为仁不为富,舍却红粉入蛮荒。'明弘治十一年(1498年),由其五世孙沈廷礼（又名沈安）,率子沈博及女沈琼莲迁葬长洲周庄银子浜,名水底墓……万三妻张氏,扬州人,卒葬苏州虎丘山脚,明弘治十一年（1498年）迁与万三同葬。生子沈金、沈茂、沈旺、春鸿、香保……"

　　一个隐藏了六百年、关于一代豪富神秘去向的秘密,居然和这贵州深山里人迹罕至的小山寨有着莫大的关联。六百年来,这是首次弄清沈万三的生卒年代和归葬之地,同时发现了沈万三次子沈茂发配后隐姓埋名的真正归属地。

二

　　走进天龙屯堡,走进明代历史,在恬静古朴的小巷深处,屯堡沈族先祖之谜终得揭晓。原来沈镇定就是沈万三次子沈茂,明朝的广积库提举,明洪武二十年（1387年）因蓝玉事件被判死刑,后为"修筑南京城"而暂留,但脸被黥上"蓝党"字样。此后沈茂被发配辽阳,装病暴卒逃脱。随后被云南王沐春藏于天龙屯堡,但因脸有黥字,怕被人认出,只能留姓改名。天龙屯堡就成了沈茂发配后隐姓埋名的真正归属地。

　　沈万三的后裔九代前主要分布在贵州平坝天龙屯堡、毕节乌蒙山、遵义团溪镇金子堰,云南镇雄、大理、泸江、宣威和苏州周庄,以贵州天龙和乌蒙山最为集中。后族系越来越庞大,遍及滇、黔、川等地,但断代现象很是严重,现已无法统计。

　　现在只能对贵州平坝天龙屯堡沈氏进行跟踪和调查研究。好在此地变化不大,沈氏祖训、民俗、民风依旧,甚至小到口音、举止、打扮、舍居都保留着周庄和南京的风格和特色,成为沈万三后裔最典型的聚集地和故地。

　　2008年11月,看到《贵州日报》沈赤兵、赵俊涛等三位先生著的《天龙秘事》一书的沈家庆,发现自家族谱——遵义市播州区团溪镇金子堰《沈氏族谱》和乌蒙、天龙两处沈氏族谱有惊人的相似之处,族谱上的辈分排字顺序是完全一致的。到现在为止,沈万三家族的整个发展历程也得以考证和理顺。

　　翻开清朝手抄遵义市播州区团溪镇金子堰《沈氏族谱》,里面用诗词方式详细

贵州安顺天龙屯堡沈万三故居院门

记载了当年沈茂从南京出发，经江西、四川，到达贵州（云南）一带，以及一路隐姓掩面逃生的惊险过程。沈茂率次子躲进天龙，为防皇帝满门抄斩，沈茂把长子沈栋宇（在天龙沈氏族谱中为沈栋颛）留在福泉县给老父沈万三尽孝。将沈万三坟迁至周庄后，沈栋宇便在邻近福泉县的今遵义市播州区团溪镇安家落户，繁衍后代。以族谱、碑铭、建筑、习俗和《半轩集》等作为沈万三事迹的佐证，在社会上引起强烈轰动效应，得到史学界、考古学界、民俗学界的肯定。

三

从 2005 年发现沈万三后裔，到 2015 年整整十年的考据、挖掘、整理、论证，大致上理顺了沈万三一案及沈万三入滇后的去向。沈万三，元末明初人，原籍浙江湖州南浔镇，后移居江苏"第一水乡"周庄，以躬耕垦殖为业，善于理财，做海贸，"资巨万万，田产遍于天下"。明初奉旨到南京，为朱元璋"助筑都城三分之一"时，因"犒军"犯了僭越之罪。朱元璋大怒："匹夫犒天下之军，乱民也，宜诛之。"朱元璋欲杀沈万三，后经皇后说情："不祥之民，天将诛之，陛下何诛焉！"最后，沈万三于明洪武六年（1373 年）被发配云南。

沈万三此时已经年近花甲，体力和精力也不如以前。但是命运既然将他抛到了云南镇雄和毕节七星关，他别无选择，只能逼迫自己竭尽全力在陌生的土地上站稳脚跟。明洪武十六年（1383 年）后，由沐英传达朱元璋口谕，让沈万三"为西南理财"。

于是，沈万三来安顺旧州和天龙开辟古驿道，创办马帮，打通茶马古道，经商开矿，办学。谁也没想到，这恰恰使他获得了极大的生机。福与富相伴，生与死为邻，从明洪武二十年（1387 年）到二十五（1392 年）年，整整五个年头，沈万三一直在天龙屯堡生活。后来他的次子沈茂在充军辽阳途中诈死后，也躲进了天龙屯堡。此后，沈万三八十八岁终死黔南平越（今福泉）。

民间关于沈万三的传说很多，还有小说和电视剧戏说沈万三。我们抱着对历史负责任的态度，收集、调查、采访和实录详细资料，从历史考据角度解读沈万三

贵州安顺天龙屯堡沈万三故宅内景

其人其事,并展现沈万三足迹所涉及的那些美丽土地上的事迹。

2005年秋,安顺首次组织了沈氏家族寻根代表团来南京、周庄、南浔祭祖寻根,中央电视台、《人民日报》等国内外三十家媒体跟踪报道,同时也促成了苏州周庄沈万三研究会代表团赴平坝天龙屯堡的认亲活动。为此,贵州省于2007年9月23日在平坝天龙屯堡举办了"沈万三研讨会"和"纪念沈万三诞辰七百年祭祖大会"。

2008年10月29日,时任贵州省委书记专程来到天龙屯堡视察,参观了沈万三故居，并接见了沈氏族长沈向东先生。在沈万三故居里，时任书记高度评价了沈万三的一生，尤其是在经济理财和资本积累方面对中国的影响，肯定了沈万三当年利用古驿道拉动贵州与外界的经贸发展的举措。

2013年，在安顺市举办的"名人名嘴话说屯堡"高峰论坛上，中国人民大学教授、时任中国明史学会副会长的毛佩琦先生强调，沈万三是"黔商鼻祖"，是中国历史上给我们留下许多启发的人物之一。沈万三经商为什么成功？在一个传统的以农业为主的社会中，他的成功说明当时的人已经认识到社会的发展需要商业的推动。他是搞海外贸易的，证明我国很早就有海外贸易的传统。沈万三到了贵州，在当时也为当地带来了不同的文化，再吸收贵州多民族文化优秀的部分，形成了一种特有的融合文化。现代旅游是一种深度旅游，不仅看山看水，还要看文化背景，沈万三的故事给人们留下许多想象空间。

2014年10月10日，时任贵州省省长在首届贵商发展大会上的演讲中就指出：诚信为贵、财富如山。历史上，贵州虽大山阻隔、交通不便，但贵州地处西南交通"大十字"，贵商的兴起由来已久，既可以追溯到明代初期，也可以上溯到千年之远古驿道上的马帮文化、马帮贸易。六百年前，江南巨富沈万三来到贵州，在滇黔古道演绎商贸传奇，使云贵高原上出现了商农并重的景象。

在"2015中国安顺名人名家"主题论坛上，时任中国社会科学院研究员、中国明史学会会长商传先生，首先提出沈万三就是"中华商圣"，他认为来到屯堡地区除了能看到明代遗风外，通过沈万三事迹，还能看到明初的一部政治史。这是贵州开发沈万三品牌做出的一件非常了不起的事。《沈氏家谱》完整呈现了沈万三的全貌，有极高的史料价值。沈万三是元末明初人，几百年来，在民间有广泛的影响力。后来沈万三卷进了明初的几个大案，被发配云贵，这些在史书中都有明确的记载。如今，沈万三后裔在贵州被发现，就将明初这一段政治史衔接起来了，非常可贵。

2015年12月，筹备了十年的"中国明史学会沈万三研究分会"，经中国社会科学院和中国明史学会批准，正式挂牌落地贵州省。自安顺平坝天龙屯堡中"沈万三故居"修复建成后，著名明史学家商传、毛佩琦、陈支平、张宪博、张金奎、赵连赏等先生多次来到安顺对屯堡历史和沈万三文化进行考现论证，沈万三研究分会至今已举办了两次大型学术论坛（年会），大大推动了全国及贵州当地的民俗文

贵州福泉山沈万三原葬墓

化发展。

　　"参天之木,必有其根;怀山之水,必有其源;人之有祖,亦犹是焉。"在中华民族历史长河中,朝廷正史、州县方志和家族谱牒是历史的三大佐证,它们以独特的形式内容,诠释着朝代更替、世事沧桑和人脉传延,为后人留下了珍贵的遗产。沈万三的一生从贫穷到首富,直至客死他乡,是奋斗、奇迹、辉煌、衰落、再起的一条荆棘之路,充满传奇、惊险和悲哀。但是,沈万三的事迹给社会和后人留下了不朽的精神力量,"万三精神""万三经济"还将持续下去,铭记于人心。

时任中国明史学会会长商传先生（右）在考证沈万三家族史

安顺屯堡人的寻根之旅

安顺屯堡与南京有着割舍不断的"亲缘"关系,安顺屯堡人的祖先绝大部分就是六百年前从南京征南、填南到贵州安顺的。屯堡人称南京为应天府,今天屯堡娘娘们所穿的服饰,现代南京人只在明代史书上见过。

石灰巷——都司巷

2005年7月,安顺市西秀区政府组织了一次南京寻根之旅,屯堡人回到了祖籍南京,离家六百年的游子回来了。他们此行就是回家看看,这里的石灰巷、乌衣巷是他们的先祖写在自己家谱上的地方,是自己的根。二十代人代代相传,石灰巷等地名已经和在大山里生活的屯堡人血肉相连,成为精神生活中一个永远不会忘却的密码。

回家看看,去族谱上写的应天府看看,这个愿望在六百年后的今天成为现实。在这里,屯堡人听见了最熟悉的乡音,看见了自己最眷恋的家园。屯堡人向祖籍地的"老乡"们,讲述了六百年来在黔山屯堡里的故事。

在这个夏季,分别了六百年的兄弟终于心手相连;在这个夏季,夫子庙的热闹与喧嚣中会有应天府乡音透过岁月的间隙传来;在这个夏季,来自大山的屯堡人在炎热酷暑中完成了漫长的寻乡之旅。屯堡众人也向南京的兄弟姐妹发出邀请,请他们到自己生活的屯堡看看,那里还保留着六百年前的应天府民俗。当然,那不是无法触摸的历史,它是真实的存在、珍贵的存在。而对于老南京人来说又何尝不想来次难忘的探亲之旅。

地名是一座城市独特的文化符号，积淀着历史、风俗和文化。因此，更换地名需要慎重考虑，地名是被赋予情感的，这种情感是个人的，是家族的，更是地方的和民族的。尽管历史倏忽划过六百多个春秋，但屯堡人仍不忘自己的祖地，对南京等地仍然很是思念。南京有一个地方名都司巷，那是云贵高原的南京籍同胞乡愁的源头，多么具有吸引力。归来吧！南京老乡想念你们。

自 2006 年以来，每年都有不少贵州人到都司巷寻根。如今的都司巷就剩下一个门牌了，其余的已全部被拆除，并已换上了新的地名。好在，南京丹凤街唱经楼路边有一家小饭店，不大的店门上挂上了一块长近三米的牌子，上面写着"贵州明朝移民南京寻根处"，下面还附"都司巷1号"。挂牌原因是不少屯堡后裔按照族谱上的记载，来南京寻找"应天都司巷"，可都司巷已无处可寻，不少屯堡后人只能在这饭店来回问询，后来饭店老板索性在门头上写上"寻根指示"，让贵州安顺屯堡人在此有个家的感觉。

祖辈来自南京都司巷的安顺天龙屯堡的陈姓和郑姓后裔，他们应该算是南京玄武区的明朝移民了。2007年春节，他们专程来南京寻找祖地，虽说这里离安顺路途遥远，但寻根祭祖终生不忘。这次寻根之旅，圆了二十三代人的梦想。

其后，贵州电视台、《贵州日报》社、《贵阳晚报》社、《安顺日报》社和安顺市委市政府多次组织"寻根团""寻亲队"及各类形式的活动，到南京寻访明朝移民"点行地"和祖籍中所记载的柳树湾、高云坎（石门坎）、都司巷等地，可惜许多地方或已拆迁，或已更名。

地名，承载着诸多情感，构成一个民族的文化的一部分。在更换地名之际，我们需要敬畏文化，敬畏历史。任何一个地名，都是在悠久历史中形成的。以后，我们要让中国的地名更具有历史沿袭性、更富有传统文化特色，让新起的地名更能体现中华文化美，更富内涵。

田野民俗考现·黔中安顺屯堡明代民俗遗存

天龙屯堡沈万三家族后裔在南京中华门城堡祭祖

第三章

南浔——沈庄漾

2005年，在贵州安顺发现沈万三后裔，令整个史学界和坊间为之震动，随之在南京、苏州周庄、湖州南浔、黔南福泉、安顺平坝、保山腾冲等地，相继引起了轩然大波，在学术界和社会上掀起了"万三学"和"万三热"。

2006年，在中国民主建国会江苏省委员会、江苏省广播电视总台、《东方文化周刊》、中国民主建国会南京市委员会和南京日报报业集团的共同组织下，六百年前从南京城迁移出去的沈万三后裔们终于"回家"了。为此，南京方面精心接待了"贵州安顺天龙屯堡沈万三后裔南京寻根团"全体成员，并专程安排了沈庄漾、南浔、周庄、南京的寻根行程，回望六百多年前江南富翁的发迹历程。

寻根团后裔中的老娘娘们穿着明代服饰，穿梭于有近八百年历史的南浔老镇上的街、桥、巷之间时，不少居民惊讶于她们身上的服饰。想想六百年前，同样是在这里，穿梭于马头墙、石板路、青瓦屋中的人们就是这一套行头：大襟衫、盘发饰、绣花鞋、竹篾篮。

沈万三的财产原始积累就是在此完成的。斑驳的灰砖墙昂起老迈的头颈，似乎还残留着当年沈万三靠卖鱼得来第一桶金时的影子。元末时，沈万三跟着父亲沈佑、母亲王氏靠捕鱼、卖鱼为生。他能把不新鲜的鱼及时处理成咸鱼干、风干鱼、鱼丸，最大限度地扩展经营范围，并协助江南富商陆道源打点商务，为以后独立商道打下了坚实的基础。

离开南浔镇，驱车二十分钟到达目的地，不过"沈庄漾"已变成了"沈庄洋"。跟着沈庄洋村党支部书记沈老虎一同来到漾边，湖中央曾是沈氏宅第，二十世纪七十年代"农业学大寨"围湖造田时，在湖底发现有青石板街衢、印痕深深的井栏、一座极不普通的庄池，以及各种生活器皿等历史物件，看来戏曲中对沈庄漾"富得冒油"的唱词是有一定根据的。

尽管现在沈庄洋村已是新屋筑起，但是脚下这片土地却是当年与明朝历史紧紧联系在一起的一代巨商的血脉之地。眼前，天龙屯堡沈万三后裔寻根团成员正在湖边祭祖，引来村中沈氏的后人驻足观看，虽说他们已分不清辈分，但有一个共同观念：咱们六百年前是一家。

天龙屯堡沈万三家族后裔在南京马道街 11 号老巷中触摸祖宅外墙

周庄——南京

周庄打响了"沈万三"品牌，让先古万三先生永刻人们心中。周庄旅游从几十年前五分钱门票和"万三蹄"食品起家，现已成为中国第一古镇，带动整个"万三经济"的联动发展。周庄人骨子里就遗传着沈万三的掘金发财之脉。

当年，因南浔淹大水，沈万三随父被迫迁至苏州周庄，并迅速起家。沈万三凭借周庄的特有地理优势进行通番，利用纵横交错的水路将河运和海运连接起来，把丝绸、陶瓷、茶叶、水产、五谷集仓，搞对外海上贸易活动，并在苏州平王张士诚的保护下，开酒楼、银楼、镖局、典当行、布庄、鱼行、粮铺等。

如今周庄唯一留下的与沈万三相关的遗迹是沈厅。沈厅原名敬业堂，清末改为松茂堂，由沈万三后裔沈本仁于清乾隆年间在原老宅地基上建成。整个建筑有房间九十九间半，前后七进五门楼，大门外是沈厅自家专用的码头，恢宏气派。后来，沈万三带着自己的万贯家财走出周庄，来到京都应天府南京为皇帝效劳。

顺着水道一路摇橹便到达双桥，它因陈逸飞先生的一幅《故乡的回忆》油画而誉满全球。船至镇东便是沈万三水墓，在此，寻根团成员烧香祭拜，完成了六百年的寻根夙愿。

为迎接沈万三后裔寻根团的来访，周庄镇党委、政府、文化和旅游局特地把大横幅悬挂于镇城门之上，安排了寻根团成员参加"沈万三研究会"的年会，并且送上了价值极高的沈万三研究文献。

明洪武年间，从苏州周庄走出的沈万三满身披金挂银，他踌躇满志地来到京师南京，无偿奉献自己的积蓄，以保明室江山。南京明城墙的存在，足以让南京人自豪至今。随着明城墙的价值提升，沈万三这位明时中国富商，越来越被今人刮目相看。现今南京三分之一的明城墙和世界最大的城门中华门都是沈万三当年花巨资资助修建的，他的南京足迹遍布马道街、箍桶巷、木匠营、白酒坊、龙泉巷、扫帚巷、中华门、赛虹桥、六口古井……

明朝历史离现今的南京已经很遥远了，留下的只是一些建筑遗迹。令寻根团里的娘娘们感慨的是，当年祖辈一步一个脚印地从南京走进安顺屯堡，自己今天却穿戴着继承明朝时女性服饰特征的衣服，第一次走出大山，乘汽车、火车和飞机来到祖辈代代传说中的应天府南京，重温六百年前的旧景。

南京马道街9号院内挂着一块秦淮区政府立于1984年的"沈万三故居"文物保护单位牌子，5号的小西湖幼儿园所在地也曾是沈万三家的小花园，寻根团成员以这里为原点，在老院、老宅、老巷中徘徊，久久静默，不肯离去。寻根团员热情地称呼着老宅里的女主人娘娘，一句地道的南京话，浓浓乡音让人眼角湿润。

随后，贵州安顺天龙屯堡沈万三后裔南京寻根团又参观了沈万三养马地马道街、酿酒作坊白酒坊、后花园玄武湖、牲口饲料场堆草巷、宰场宰猪巷、榨油行油坊巷、赛公桥（赛虹桥），以及南京古城墙十三个城门中规模最大的城堡式城门中华门（聚宝门）和朱元璋墓地明孝陵。

沈万三一生从贫穷到富裕，一纸皇文迫使他背井离乡，从此沈万三的行踪成了

天龙屯堡沈万三家族后裔在南京沈万三故居院中

一个谜。他从这马道街背井离乡去了毕节、安顺，直至客死他乡。他走过的是一条奋斗、奇迹、辉煌、衰落、再起的荆棘之路，充满神奇、惊险和悲哀。但是，他的事迹对社会和后人产生了深远的影响。贵州安顺天龙屯堡沈万三后裔南京寻根团只是天下明朝移民后裔寻根的一个缩影。

  贵州屯堡的人文特色与古都南京之间有着割舍不断的亲缘关系，其间历经六百年，屯堡老南京人和当今南京人血脉未断，交流频繁。2013年正月十五元宵节，在南京夫子庙老门东文化民俗广场上，举办了"六百年梦回屯堡·金陵再叙亲缘"的系列活动。活动从上午十点开始至晚间，进行了沈万三后裔祭祖仪式，表演了屯堡花灯戏、屯堡地戏、屯堡小娘娘对山歌活动，还进行了"屯堡风情摄影作品联展"，众人一起迎新拜年，同迎元宵。

  屯堡寻根人带着纯纯乡情来到南京，又盛着浓浓亲情回到安顺屯堡。

附录

田野民俗考现必须"事必有据,言必有记"

田野民俗考现必须"事必有据,言必有记"

在田野民俗考现活动中,我们所看到的场景最为真实、最为真切,也最接地气。对自身的工作内容进行文字和影像方面的记录,并作为一种学术资料留存,这是田野调查的必要手段。"事必有据,言必有记",民俗专题考现能记录场景,呈现细节,叙述一个完整的民俗事象。我们可以在民俗专题的考现成果中,深度挖掘其学术研究的价值。通过田野调查式的民俗考现,可以获得大量真实的"镜头",这些"镜头"能够帮助研究者进行更准确的判断和更深入的分析。

民俗专题摄影研究是一个很有魅力的领域,其魅力来自接触土地与人民时的亲近感与真实感,此外,还可以获得一种经验与理论相互交融的体验。

"田野民俗考现"采集表的设计和调查报告的撰写,贯穿着人类学的相关理论,是用文字和影像共同记录生活与工作的方式。通过将民俗考现的文本写作和民俗摄影两个专业相结合,共同书写一部人文影像档案,应该说是立意独特的。这种记录视觉图像的方式,能够通过具体人物的生活细节,折射出当下民族的精神风貌及生命状态,呈现他们在大时代背景下的精神轨迹。所以,我主张用科学的方法,来撰写田野民俗考现调查笔记,这样收集的资料会更系统和全面,否则收集的资料将会残缺不全,遗漏许多问题。

"田野民俗考现"采集表还能将个人的民俗文化实践和传承紧密地联系在一起,用个人的实践活动活态传承民俗记忆;用个人的历史感和使命感增添文化传统的色彩;用个人的独特性来体现时代赋予的个性特征。独特的视觉手段可以作为展现田野民俗的特殊文献形式,通过这种方式,能够更好地挖掘出田野民俗的根本内容。

"田野民俗考现" 采集表

类别：	考调号：	
地缘考现报告（采集目的与计划目标）	调查地点的历史、地理、文化背景概述	地理区位、民族、人口组成：
		地方历史与文化传统：
		基本生计/谋生活动：
		其他：
	调查对象的基本资料	民俗活动名称、沿革简述：
		民俗活动程序、组织、主持人：
		民俗活动事象项目：

民俗活动过程	活动筹备情况：	
	主体活动的开始（仪式开始的时间、地点等）：	
	活动过程的描述（主要阶段、事件结构等）：	
	活动的结束（被访谈人的评价、看法等）：	
项目完成报告	民俗影像作品目录：	
	文字总说明及分说明：	
	反馈意见及有待探讨的问题：	
授权声明：此次调查采集的影像与声音信息均已经过本人核实，本人知晓并同意以上信息的后续使用（非商业用途）。		

签名页	调查时间			
	调查地点			
	调查对象	姓名		
		性别		
		年龄		
		文化程度		
		职业		
		联系方式（手机、邮箱）		
	当事者签字/手印			日期：
	推荐人/机构			
	通讯方式			
调查报告（实录）人		采集完成日期		
附部分主要影像样片				
备注：				

后 记

从 2000 年至今，为进行"明朝南京移民在西南"专题研究，笔者已经去了贵州屯堡五十一次，有十六个春节都是在屯堡老乡家里过的。甚至熟知村上的大多数人，拍摄过村里每一位七十岁以上的老人，并对他们的婚姻形式与生活状况，做了拉家常式口述实录影像留存。现在，这些都成了当地珍贵的记录和人类学及民俗学的文献资料。

研究屯堡难，写屯堡更难。因为屯堡研究涉及的历史、考古、人类、民俗、建筑、军事和民族等方面的专业学者太多，其研究观点不一，甚至相冲。有的注重古籍史料的收集整理；有的关注某个历史节点；有的从历史的宏观角度研究；有的文化学者抒情描绘。总之，研究屯堡会涉及多方面学识，研究者各有自己的研究方向，很多问题暂无统一论调。

屯堡是民俗文化的重要承载地，更是明代一个重大历史事件发生的见证。研究屯堡，应当注重历史与当代发展之间的裂变。用严谨务实的学术态度，抓住屯堡文化中的某一个点，采取"以小见大，小题大作"的专题考现法，结合相应的文史资料，科学地汲取口述实录中的有效资料，脚踏实地去研究地点走一走、看一看，亲临现场去做田野调查，只有在这样的状态下才能得到第一手资料。一切脱离事实的历史想象，都是不真实的、无效的。

于是，笔者在考现"明朝南京移民在西南"的屯堡民俗专题时，首先选择了有特色、有代表性的贵州安顺屯堡地区。选好调查点对成功地进行调查具有关键性的意义，所谓"有特色"，就是该地的社会或文化较为特殊，与其他民族或其他地区文化差异很大。同时，收集有关的文献资料和地方志资料，做到事先有数。

其次就是考现的方法思路要对、要准，一定要把控好田野调查的采访实录技巧，往往成败就在此一举。所以，只有根据实际情况来制定考现方法，这样才能挖掘出有效资料，延伸专题的深度。

屯堡的民俗事象是文化的，是屯堡人的生活、生产、风尚习俗等真实的、原生态的表述和反映。一个社会群体在长期的生产实践和社会生活中，必将会逐渐形成并世代相传很多较为稳定的文化事项，去研究这种民间流行的风尚与习俗的源头、发展过程，这就是屯堡民俗的学问。

究竟什么才是真正的民俗专题？民俗作为一门学问，它的学术性和多元功能，已大大地超过了其他门类。民俗专题的题材和表现手法是多样性的，配合田野调查法更是必要的。笔者一直提倡把对屯堡的文化研究提高到学术层面上来，形成一门新的"屯堡民俗学"，对屯堡信仰、风俗、口传文学、传统文化及思考模式进行研究。

实际上，"屯堡民俗学"与发生在屯堡周围的各种生活现象息息相关，人们在日常交流中所展现的一切，对文化的传播和保存起着承上启下的作用。也就是说屯堡一切有关人类活动的细节，都是民俗学者的研究对象。

如何去传承和传达其中重要的文化信息，阐明这些屯堡民俗现象在时空流变中的意义，那就需要靠有效的研究方法和方式来展示。因为屯堡民俗文化本身就是有产生，有消失的，因此不必对消失的民俗耿耿于怀，但是可以通过影像资料将其记录下来，别让民俗文化转眼就消失了。影像最纪实，记录性强，可以将屯堡食、衣、住、行、育、乐中的生活形态的内涵与形式真实地反映出来。然后，再通过民俗学探讨其间思想、行为、仪节、活动的形成与主题。

这些约定俗成的习惯与风俗，不仅是人们生活品质的提升与心灵的满足，更是民族生存不可或缺的精神支柱。因此，对于屯堡民俗学的认知与阐述，应该成为当今国际学术研究极为重要的课题，这是"屯堡民俗学"研究者刻不容缓的责任与方向，势必将促成屯堡民俗文化成为社会科学中一门引人注目的学问。

在"屯堡民俗学"专题实践中，如何转换角色与视角，引申出考现的方法思路，挖掘出事实资料和延伸话题的深度呢？也即如何才能扮演好研究者这个中间人的角色呢？答案只有一个，那就是从田野调查式的方法出发，切实做好做实做透做细地缘考现工作。

笔者这个屯堡民俗考现的"中间人",在屯堡民俗文化和沈万三史迹挖掘工作及学术研究上,多年来一直受到中国社会科学院研究员、中国明史学会原会长商传先生,中国人民大学教授、中国明史学会首席顾问毛佩琦先生,中国社会科学院研究员、中国明史学会副会长兼秘书长张宪博先生,中国社会科学院研究员、中国明史学会副会长赵连赏先生,给予的鼎力相助与指导,为屯堡民俗文化的传播与推广奠定了厚实的基础。

同时,在实际考现中得到了南京师范大学蒋俊教授、南京市考古研究院副院长龚巨平研究员和贵州省文化和旅游局原局长傅迎春先生、安顺市政府原副秘书长兼市文化和旅游局局长朱贵清先生、《贵州日报》高级记者沈赤兵先生、沈万三后裔沈家庆先生、央视旅游频道刘盈女士,还有原天龙屯堡旅游公司总经理陈云先生和天龙屯堡沈向东主任的帮助,对于他们二十三年来给予我在安顺屯堡研究上的支持与协助,在此一并致谢!

刘 冻

2024 年 6 月

图书在版编目（CIP）数据

田野民俗考现．黔中安顺屯堡明代民俗遗存 / 刘冻著文、摄影 . -- 贵阳 : 贵州民族出版社, 2024. 10.
（屯堡文丛）. -- ISBN 978-7-5412-2958-9

I.K892

中国国家版本馆 CIP 数据核字第 2024B0M134 号

屯堡文丛·文学艺术书系
TUNPU WENCONG WENXUE YISHU SHUXI

田野民俗考现·黔中安顺屯堡明代民俗遗存
TIANYE MINSU KAOXIAN QIANZHONG ANSHUN TUNPU MINGDAI MINSU YICUN

刘冻　著文、摄影

责任编辑：李小燕　向朝莉
装帧设计：曹琼德
出版发行：贵州民族出版社
地　　址：贵阳市观山湖区会展东路贵州出版集团 18 楼
邮　　编：550081
印　　刷：雅昌文化（集团）有限公司
开　　本：787 mm×1092 mm　1/16
字　　数：220 千字
印　　张：15.25
版　　次：2024 年 10 月第 1 版
印　　次：2024 年 10 月第 1 次
书　　号：ISBN 978-7-5412-2958-9
定　　价：198.00 元